中华美好山川

五台山

马金星 ⊙ 编著

吉林出版集团股份有限公司

前　言

　　智者乐水，仁者乐山，中国山水雄奇伟丽，千姿百态，独具特色，与数千年文明相融合，积淀孕育了辉煌灿烂的山水文化。山山水水引发了无数的文化现象，成为中国文化的重要组成部分，也成为全人类的重要自然文化遗产。

　　山水文化的形成经历了漫长的历史过程，随着时代的进步，也在不断注入新的文明。山水首先是一种审美的文化，是最具美学价值的自然景观，给人以精神的愉悦和陶冶。《庄子》中说："天地有大美而不言，……原天地之美而达万物之理。"这正是人与自然之间的亲善而又和谐的关系的体现。人与山水之间审美关系的建立和发展，本质上是人类文明发展的表征，而我们对山水的自觉审美追求始于魏晋，当时人们崇尚自然，走向山林江湖，这种"体道"的直接结果是促进了山水文学和山水画的蓬勃发展，正如王国维所说："古今之大文学，无不以自然胜。"

　　中国人崇尚自然，喜欢山水，人们以大自然的山水为对象，创造了丰富多彩的山水文化。元人汤垕有云："山水之为物，禀造化之秀，阴阳晦冥，晴雨寒暑，朝昏昼夜，随形改步，无穷之趣。"正是对山水的无限热爱，中华民族才有了这极其可贵的文化贡献。左思说："非必丝与竹，山水有清音。"这种对山水清音的审美感受向来不只左思有，多数人亦有。中华大地，无山不美，无水不秀，"取欢仁智乐，寄畅山水阴"，庄子云："山林与！皋壤与！使我欣欣然而乐与！"这是中国人的山水观，更是一种山水情怀。

　　中国人喜爱山水，也与原始宗教文化有莫大关系。《韩诗外传》有云："山者，万物之所瞻仰也，草木生焉，万物殖焉，飞鸟集焉，走兽休焉，吐万物而不私焉。"《抱朴子·登涉》更直接说："山无大小，皆有神灵。山大则神大，山小则神小也。"古代"天子祭天地，祭四方，祭山川，祭五祀，岁遍；诸侯方祀，祭山川，祭五祀，岁遍；大夫祭五祀，岁遍；土祭其先"。对山川之神的祭祀膜拜，直接促使人们崇拜与敬畏山川，再加上我们是一个以农耕为主的民族，这使我们对山川更加依赖，与山川的关系更加紧密，这也成为我们文化的发端。

中国的文化特别是山水文化受道教哲学思想的影响较深。中国人制定礼仪规则，但又崇尚自然，老子的"人法地，地法天，天法道，道法自然"的哲学思想深受人们认同，山水文学和山水画最能直接体现这一哲学思想的影响之大。管子认为水是万物之本源，老子则说，上善若水，水善利万物而不争，处众人之所需，故几于道。这自然而然地注定中国山水文化发轫于斯。

佛教对山水文化的影响也不可小觑，天下名山僧占多，佛教对自然山水的开发和建设起了不可忽视的作用。众多的佛教名山荟萃了历代文物的精华，建筑、雕塑、书法、绘画等多有杰作存世。中国山水文化保留了历史的足迹，自古就有"读万卷书，行万里路"之说，把游历与读书相提并论，中国文化渊薮可见一斑。

中国天人合一的主体思想，以人为本，重视人与自然山水的和谐与协调。保护自然，与自然和谐共进是我们所追求的理想目标。人们涌向山川胜地体验自然是件好事，但不可使自然环境的承载能力超出其自身的净化能力，否则，许多名山大川的自然环境和人文环境就要遭受破坏，这些是人们所不愿看到的。为更好地弘扬祖国的山川文化，重视和保护祖国的美好山川，我们选择三山五岳、道教四大名山、佛教四大名山，以及黄河、长江两条母亲河共十八个山川文化遗存呈献给读者，以表达我们对祖国山川的无限敬爱。与此同时，我们也更祈盼它们能得到应有的关心和保护。

编者
2013年1月7日

目录

五台山的由来

五台山历史悠久，曾有五峰山、紫府山、清凉山、五顶山、圆光山、雁门山、灵鹫山等多个名称，而"五台山"这一名称的由来，也有多种说法。

一说五台山原名五峰山，因其在崇山峻岭中有五座主峰挺拔耸立、直指云端，后来由于人们的活动越来越深入，发现"五峰耸出，顶无林木，有如垒土之台"，于是改名为"五台山"。

另一种说法则更像是神话。据说在远古时代，文殊菩萨赴五峰山讲经说法，发现那里常年酷热难耐，百姓生活困难，善心大发，远赴东海龙宫求助于龙王。到龙宫门前时，文殊菩萨发现了一块散发着阵阵清凉的大石头，于是用法力将大石移到五峰山的一道山谷里。山谷一下子变成了一处草木繁茂、美不胜收的桃源胜地，而整个五峰山，也因此一改往日的酷热而变得清凉起来，于是那山谷便被称为清凉谷，而五峰山也就成了清凉山。后来，隋文帝听说了这件事情，便下诏在清凉山五座山峰的顶台上各建一所寺院来供奉文殊菩萨，慢慢地清凉山就又更名为五台山了。

文殊菩萨

文殊菩萨是佛教四大菩萨之一，代表聪明智慧，是除观世音菩萨外最受尊崇的大菩萨。文殊菩萨的形象通常是天衣天冠，顶结五髻，一手持宝剑，另一手持经典，驾乘狮子。

五台山

桃源胜地

桃源，即桃花源，源自东晋著名诗人陶渊明所写的《桃花源记》，后来世人把他描述的那种远离俗世、环境优美、人与自然和谐共处的地方都形容为"桃源胜地"。

隋文帝

隋文帝杨坚，隋朝开国皇帝，他统一了已分裂百年的中国，在位期间创立了先进的选官制度，并一直致力于发展文化经济，开创了中国历史上著名的"隋唐盛世"。

生态环境

五台山属暖温带半干旱型森林草原气候带北端，为明显的大陆性气候，又由于地形复杂，因而局部气候差异很大。境内水系丰富，河流众多，主要河流为属于海河水系的滹沱河、清水河，其他小河流多注入其中。适宜的气候和丰富的地表、地下水，使五台山拥有了较高的森林覆盖率、丰富的植物品类以及各种各样的动物。

据统计，五台山境内共有接近600种植物，其中既有木本植物，又有野生草本植物。五台山的野生花卉也是一大特色景观。夏天的五台山花团锦簇，无数种鲜花争奇斗艳，更是让每一个游客流

五台山高山草甸风光

连忘返。同时，五台山还是全国不可多得的药材园。在动物方面，五台山现有野生兽类40余种，野生鸟类140余种。这些野生动物与丰富的植物资源一起构成了五台山良好的生态环境。

此外，五台山还蕴藏着极为丰富的矿藏资源。据勘察，五台山拥有金属、非金属矿藏30余种，矿点160余个。

大陆性气候

大陆性气候通常指处于中纬度大陆腹地的气候，一般指温带大陆性气候。在大陆内部，海洋的影响很弱，大陆性显著。

木本植物

木本植物指茎内木质部发达的多年生植物。通常其茎干坚硬而直立，寿命较长。根据茎干的形态，可分为乔木、灌木和半灌木。

草本植物

草本是一类植物的总称，并非植物科学分类中的一个单元。与草本植物相对应的概念是木本植物，人们通常将草本植物称作"草"，而将木本植物称为"树"。

地形地貌

五台山是中国最古老的地质构造区之一，它的形成要追溯到26亿年前。现代地理学所界定的五台山山脉位于山西省东北部，地域包括五台县全境、繁峙县南山区、代县东南山区、原平市东山区、定襄县东北山区、盂县北山区和河北省阜平县西山区，总面积约有592.88平方千米。中心地区台怀镇，距山西省会太原市240千米。

五台山山势雄伟，层峦叠嶂，峰岭交错，挺拔壮丽，属太行山系的北端，山脉有五座主峰，被称为五台。这五台分别是：东台望海峰，海拔2795米；南台锦绣峰，海拔2485米；西台挂月峰，海拔2773米；北台叶斗峰，海拔3058米；中台翠岩峰，海拔2894米。五峰之内称台内，以台怀镇为中心，东西宽16千米，南北长21千米，总面积336平方千米；五峰之外，统称台外。其中东台、北台、西台、中

五台山山脊

台为一系列山脉，南台单独为峰。整个山脉在五台县境内有较大山峰146座，繁峙县境内15座，代县境内11座，原平市境内40座，定襄县境内6座。

地质构造

地质构造是指组成地壳的岩层和岩体，在内外地质作用下（多为构造运动），发生变形和变位后，形成的几何体或残留下的形迹。

山脉

山脉是沿一定方向延伸，包括若干条山岭和山谷组成的山体，因像脉状而称之为山脉。从主脉延伸出去的山岭称为支脉。几个相邻山脉可以组成一个山系网。

台怀镇

台怀镇位于山西省忻州市五台县的最北端，在五台山五大高峰东台、西台、南台、北台和中台形成的怀抱之中，故名"台怀"。人们大多把台怀镇作为五台地区的中心。

地形地貌

13

东台望海峰

东台风光

　　东台望海峰，海拔2795米，位于台怀镇以东10千米处，台顶面积在5个台中最小，仅7万平方米，远远望去，山体犹如一只站立的巨象，而在山顶环视，其又似一个特大的龟甲。台上曾建有望海楼，据传在楼上能望见大海，有"登上东台顶，极目到东瀛"之说，目前此楼已毁。楼虽不在，其景仍存，登台顶可观日出东海，或眺望群山叠嶂，或欣赏云海变幻，如有幸，还可看到传说中的佛光一现。

　　东台台顶现有寺庙一座，名为望海寺。该寺庙始建于隋文帝时期，供奉聪明文殊，属文殊菩萨的五大化身之一。元代寺庙重建，始名为望海寺，明代嘉靖年间再次重修，如今望海寺内现存的

古迹唯有北宋宣和年间建的笠子塔，其他主要建筑均为近年新建。东台畔有一名为罗延窟的石窟，里面空气寒冷，盛夏时节仍然可以看见积存的寒冰。

东台交通较为方便，从台怀镇出发驾车仅需要40分钟即可到达。从东台驾车30分钟可到达北台台顶，步行30～60分钟即可到达鸿门岩，步行3～6小时可到达北台顶。

东瀛

东瀛为日本的别称。日本是位于亚洲大陆东岸外的太平洋岛国，主要民族为大和族，通用语为日语，国花是樱花。日本地震频发，是世界上地震较多的国家之一。

佛光

佛经中说，佛光是释迦牟尼眉宇间放射出来的光芒。实际上，佛光是光的自然现象，其本质是太阳将人影投射到观赏者面前的云彩之上，云彩中的细小冰晶与水滴形成的圆圈形彩虹。

石窟

广义的石窟是指依山岩凿成的石室，亦泛指石洞。狭义的石窟是指一种就着山势开凿的寺庙建筑，里面有佛像或佛教故事的壁画。

东台望海峰

西台挂月峰

　　西台挂月峰，海拔2773米，距台怀镇约13千米。因在月夜遥望，明月就如同一面镜子高悬于台顶之上，由此得名挂月峰。由台顶西望，层峦叠嶂，松林葱郁，当日落夜静之时，月坠峰巅，俨若悬镜，气象万千，景色迷离而诱人，于是也有了"五峰个个竞秀，挂月一峰独尊"的说法。

　　西台台顶建有法雷寺，供奉狮子吼文殊，狮子象征威猛刚烈，文殊菩萨降伏其为坐骑，更加显现了文殊菩萨的智慧勇猛，传说拜狮子吼文殊可使人勇敢。也因狮子吼声如雷，故将供奉狮子吼文殊的寺庙取名为法雷寺。

　　在法雷寺东北矗立着一座白色石砌定光佛舍利塔。此塔塔座高大，几乎占塔高的一半，塔身俊秀修长，配合着风景秀丽、环境幽雅的西台，更显得别有一番风情。法雷寺北侧有一天然水池，直径约10米，名为"文殊洗钵池"，是传说中文殊菩萨清洗钵盂的地方。

　　台西还有龙窟、乌门、石门等自然景观，加之佛教色彩浓郁，吸引了大批的游客。

法雷寺

　　法雷寺创建于隋代，后经历过多次重修，现存建筑有后大殿和文殊塔。后大殿为木构和钢筋水泥相合而成的混合型建筑，文殊塔内供狮子文殊菩萨像一尊。

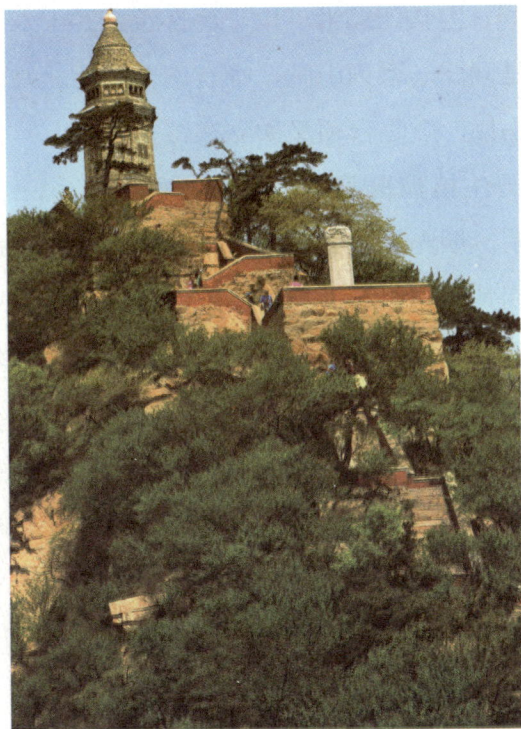

挂月峰定光佛舍利塔

舍利

　　舍利原指佛教祖师释迦牟尼佛圆寂火化后留下的遗骨和珠状宝石样生成物，后来也指德行较高的和尚火化后的遗骨。

钵盂

　　钵盂为盛饭菜的食器，多为佛教徒化缘之用，有铜、铁等材质，可在诵经时敲击，一般都是个人使用。高僧圆寂之前，会将其传给得到自己真传的弟子。

西台挂月峰

南台锦绣峰

南台锦绣峰，海拔2485米，位于台怀镇南20千米处。五台山其他四座主峰都是同属一系列山脉，唯有南台另为一峰。南台远望似一匹骏马卧在山巅，登临台顶又如立在覆盆之上。

锦绣峰上野生植被覆盖面积极大、种类繁多，《清凉山志》称："山峰耸峭，烟光凝翠，细草杂花，千峦弥布，犹铺锦然，故以名焉。"又因其山花遍野，鸟语花香，犹如仙境，故被称为仙花山。山中出产多种药材，每年夏秋之交，徐徐清风送来阵阵药香，真令人怀疑自己是否真的误入了仙境。

南台台顶建有普济寺，主供智慧文殊，传说拜之可使人获得无穷智慧。普济寺始建于隋文帝时期，经历宋朝、明朝等多次重修。原有山门、正殿（南极道场）、过殿、东殿（三义庙）、西殿（火神堂）、南殿（南极玄宫）、普贤塔等建筑，现代仅存石建窑洞。现在的普济寺拥有三佛殿和后殿两处主要建筑。

《清凉山志》

清凉山，即五台山。《清凉山志》有多个版本，其中流传最为广泛的为《钦定清凉山志》，由清朝董诰等编撰，书中内容丰富，涉及清凉山的名胜古迹、人物事件及有关诗词歌赋等。

南台锦绣峰山门

窑洞

窑洞是我国黄土高原地区人们在土山的山崖挖的洞，供人居住。在中国陕甘宁地区，黄土层非常厚，我国人民创造性地利用高原的有利地形，凿洞而居，创造了被称为绿色建筑的窑洞建筑。

普贤塔

普贤菩萨是我国佛教四大菩萨之一，与文殊菩萨为释迦牟尼佛之胁侍，文殊、普贤共为一切菩萨之上首。普贤塔，即供奉普贤菩萨的塔。

五台山

北台叶斗峰

　　北台叶斗峰，海拔3058米，距台怀镇20千米，是五台山的最高点，也是华北地区的最高峰，素有"华北屋脊"之称。远远望去，山巅呈马鞍形。此处也有佛教徒称为一身双头的共命鸟。台顶气候异常寒冷，因而林木稀少，每年只有6—9月方便登台，台背阴面有常年不化的冰雪，称之为"万年冰"。

　　叶斗峰上建有石砌的灵应寺，坐北朝南，寺内供奉无垢文殊菩萨。灵应寺自隋朝创建，经多次修葺、重建，气势恢弘无比，与叶斗峰的险峻挺拔浑然一体，令观者无不震撼赞叹。

北台朝台的队伍

隐峰塔是北台台顶的另一大灵迹，是为纪念唐代高僧隐峰禅师而兴建的。隐峰禅师佛法精深，修为极高，他圆寂后，后人将舍利带到北台顶建塔藏之，以禅师法号为塔名。

北台台顶有文殊菩萨从东海取石归来后安置五龙王的龙王庙，庙内有黑龙池，有位于北半麓的生陷狱，以及台后3.5千米处有传说九仙女洗衣的九女泉等。

共命鸟

共命鸟是佛经中常提到的神鸟。在佛经里有这样的故事：雪山里有一只鸟叫共命鸟，一个身体两个头，两个头有着不同的思想，最后因为自私而同归于尽。

隐峰禅师

隐峰禅师，俗姓邓，今福建省邵武人，唐代著名高僧，经常冬居衡岳，夏处清凉，少时愚钝，经其师马祖点化而开悟，以倒立圆寂为世人所称道。

法号

法号，又称法名、戒名、法讳，是一些佛教人士皈依佛教之后，为了表示和世俗的区别，而取佛教化之名字。不论是出家的僧人，还是在家的居士，都可以有法号。

北台叶斗峰

中台翠岩峰

中台翠岩峰，海拔2894米，位于台怀镇西北10千米处。因中台台顶巨石堆积，石面生满了苔藓，在盛夏雨过天晴后登台，一眼望去满目碧翠，熠熠生辉，仿佛是巨块的翡翠，因此中台被称为翠岩峰。而关于山顶的乱石，也有一个有趣的传说故事。相传文殊菩萨由东海取来歇龙石置于清凉谷，引来东海龙王的五个儿子追讨，五条巨龙在中台顶上挥舞龙爪、乱挖乱翻，才形成了中台独特的"龙翻石"。

在中台与北台交接处，有着一直未曾融化的"万年冰"。尤其在盛夏时节，山凹两侧绿草青青，山凹内却依然能看见寒冰，让人对大自然的神奇无比感叹。

中台台顶建有演教寺，供奉孺童文殊菩萨。演教寺曾于近年重建，重建后的演教寺金碧辉煌，气势较之前更加恢弘。此外还有明朝建的祈光塔，东南西北各有一个小塔，象征着五台山的五座主峰。台顶西北面有太华池，太华池北有甘露泉，东南有玉龙池，池旁还有三株泉，是南北五溪流水的发源地。

苔藓

苔藓植物属于最低等的高等植物，无花，无种子，以孢子繁殖。结构简单，仅包含茎和叶两部分，喜欢阴暗潮湿的环境。

五台山中台演教寺

翡翠

　　翡翠，也称翡翠玉、翠玉、硬玉、缅甸玉，是玉的一种，颜色呈翠绿色（称之翠）或红色（称之翡）。翡翠是在地质作用过程中形成的。

发源地

　　发源地，名词，原义特指河流开始流出的地方，后来经过长时间的演变，逐渐引申为借指某一事物或事件发端、起源的所在。

石窟跃鱼

五台山景观

　　在清水河的下游有一处河湾，河湾的旁边有一座风景秀丽的村子，叫做李家村。村南的河湾东岸，峭壁之下有一石窟，窟内常年奔涌着一股清澈的溪流，注入小石潭中。这石窟就是旧时"五台八景"之首"石窟跃鱼"的所在。

　　每年清明时节，细雨纷纷，就是"石窟跃鱼"开始的时候。每到此时，村民们蜂拥而至，把事先准备好的篓子贴在石窟下面，只见随着奔涌的水流，一尾尾的鱼儿从石窟中接二连三地跃出。村民们欢天喜地，一同分享这收获的喜悦。按照代代相传的风俗，这份上天的恩赐凡在场者不分老幼，见者有份。出鱼最多时，石窟内

拥挤不堪，鱼儿们甚至堵塞了水流，挤出来的鱼往往伤痕累累，故此景又被称为"石窟熬鱼"。

相传，石窟跃鱼有三奇，一奇在鱼的来处，当地所产鱼都是草鲢鱼，而石窟跃出的都是鲤鱼；二奇在出鱼的规律，为何只在每年的清明时节有此奇景；三奇在传奇色彩，关于石窟跃鱼，当地有数不清的传说故事，美景加上传说，更加让人向往迷恋。

清明

清明是农历二十四节气之一，在仲春与暮春之交，也就是冬至后的108天。中国汉族传统的清明节大约始于周代，距今已有2500多年的历史。

五台八景

旧时五台山的八大景观，分别是石窟跃鱼、阁道穿云、台城夜月、河边归燕、茹湖落雁、龙湾烟雨、槐荫春绿、东冶秋黄。

石窟跃鱼的消失

现在"石窟跃鱼"的奇景已不存于世，传说是由于近代有人过于贪婪，想一次性获取更多的鱼，于是用炸药人为扩展石窟，导致景观不复存在。

石窟跃鱼

阁道穿云

　　从五台县城前往五台山，所经过的第一座山，叫做阁子岭，距离五台县城5千米，古五台八景之一的"阁道穿云"就在此处。

　　阁子岭的名字来源于古时建于岭上的"真武阁"，真武阁下石壁上凿有两丈多深的石洞，作为往来行人过岭的通道，即为阁道。每当遇上有雾或是多云的天气，云雾常从阁道中穿过，远远望去，云从道中过，人在云上走，让人有一种如梦似幻，飘然欲仙的感觉。清代的张绅曾有这样一首诗："翠岩倚碧落，高阁晓含云。映日龙鳞动，因风凤翼分。奇峰疑楚岫，触石乱湘裙。莫衍为霖意，苍生望已殷。"

真武阁

旧时阁道旁边常有卖茶、卖饭的小商贩，北面不远处还有一座古庙，每年的农历五月初一，这里还有庙会。阁道穿云，云中走人，云头唱戏，那些常在云巅的仙人，只怕也会被这样的景色吸引下来吧！

阁道穿云奇景的成因其实并不难理解，阁子岭东北面茹湖盆地的地势偏高，而阁子岭西南面台城周围的地势较低，大气由高向低流动，于是便形成了阁道穿云、北纳南吐的奇妙景色。

真武阁

真武亦称"玄武"，俗称"真武大帝"、"玄天上帝"，为道教所奉的北方之神。真武阁，即供奉真武大帝的楼阁。

张绅

张绅，字怡亭，福建建宁人。生年不详，卒于清朝道光十二年（1832年）。少年习武，后因病从文，著有《怡彰文集》二十卷，诗集六卷。

庙会

庙会，又称"庙市"或"节场"，是指在寺庙附近聚会，进行祭神、娱乐和购物等活动，是中华文化传统的节日风俗。

阁道穿云

台城夜月

五台县城始建于秦汉时期，又在北魏时迁址到现在的地方。如今的五台县城雄踞在一座突出的丘崖上，南、北、东三面都是陡峭的悬崖，因此谓之"山城"。入夜后的山城万籁俱寂，明月当空，清辉洒遍全城，让人觉得分外的雄旷苍凉，这夜月映照山城的景色，被人们称为"山城夜月"，又因城名五台，故又称为"台城夜月"。

旧时五台县城墙高耸，东南西北各有城楼一座，每当晴朗的夜里，一轮明月在空中高悬，远处犬牙交错的群山，连同四座挺拔的城楼，一条条静寂的街道，无数座鳞次栉比的房屋，一同沐浴在清冷的月光下，此情此景，苍凉静寂，让人备感清绝，陡然生出无限的感慨。

沧海桑田，世事变迁，如今的五台县城已经见不到昔日的城楼城垛，也不见了古色古香的旧街古屋，而台城夜月的美景仍然可以欣赏，虽然月亮依旧是那千年前的月亮，但台城却是面貌一新的现代城市。今时今日，旧景新赏，又是另一番滋味。

城楼的传说

农历大年初一的晚上是个朔日，全球都是看不到月亮的，可是传说站在五台县城的一处城楼上却能看到月亮，实为奇观。可惜现在城楼早已拆除，无从考证。

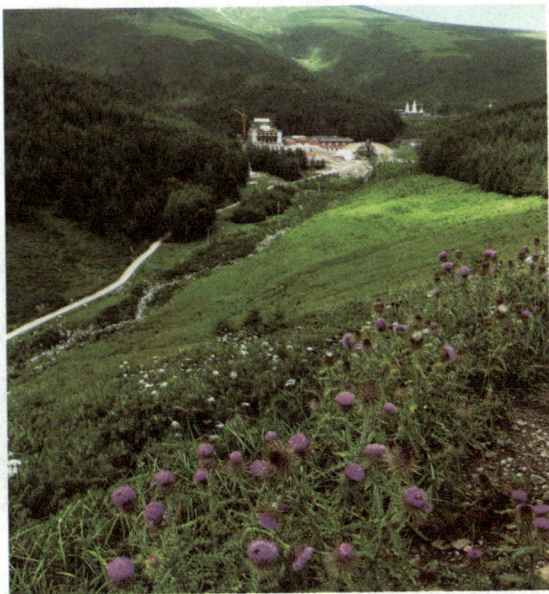

五台山景色

朔日

　　农历将朔日定为每月的第一天，即初一。这一天月球运行到地球和太阳之间，和太阳同时出没，在地球上看不到月亮。对应的，农历每月十五是望日。

五台县的历史

　　五台县在旧石器时代就有人类聚居。建制于汉，北魏时称驴夷县。隋大业三年（607年）改名五台县，金贞祐四年（1216年）升为台州，明洪武二年（1369年）复为五台县，一直至今。

台城夜月

河边归燕

五台山山峰

　　定襄县境内有一个名叫河边村的地方，历史上称它为五台山的南大门，村北有一大山豁口，滹沱河穿过豁口，流入五台县。河边村一带地势平缓，气候宜人，加之地处五台地区的南部，纬度相对较低，春天到来得也比较早。每年的农历三月，从南方归来的燕子们经历长途跋涉到达这里，成群地落在一座名叫堡子的山嘴上，与和煦的春风、发芽的杨柳一起向人们宣告着春天的到来，这就是传说中的"河边归燕"。

　　如今的河边村风光更胜往昔，曾经荒凉的盐碱滩和芦苇洼变成了肥沃的稻田，过去光秃秃的山冈植满了果树，每当春天来临，温暖的春风染绿了河边的山野，杨柳刚刚抽出的枝条随风轻摆，似曾相识的燕子们穿梭其中，软语呢喃，衔泥筑巢，远远望去，整个

河边都笼罩在朦胧的烟雾中，如梦似幻，美不胜收。

河边归燕还有一个有趣的特点，归来的燕子们似乎具有灵性一般，只选择那座名叫"堡子"的山嘴落下，而其他的山嘴则不屑一顾，让这一景色更增添了几分神秘色彩。

滹沱河

滹沱河发源于山西省繁峙县泰戏山孤山村一带，东流至河北省献县臧桥，与子牙河另一支流滏阳河相汇入海。全长587千米，流域面积2.73万平方千米。

盐碱滩

盐碱地是盐类集积的一个种类，是指土壤里面所含的盐分影响到作物的正常生长。盐碱滩，即盐碱土壤形成的河滩。

芦苇

芦苇，多年水生或湿生的高大禾草，生长在灌溉沟渠旁、河堤沼泽地等，世界各地均有生长，芦叶、芦花、芦茎、芦根、芦笋均可入药。

南 禅 寺

　　在五台县东冶镇李家村附近的小银河畔，一座有着1200多年历史的寺院坐落在青山绿水之间，四周林木繁茂，景色幽静，这就是南禅寺。

　　南禅寺占地不大，仅分两个院落，共有殿堂6座，其中主体建筑大佛殿内的一根大平梁上面有："因旧名（时）大唐建中三年……重建殿法显等谨志"的墨迹，由此推算其重建于782年，是我国现存最古老的木结构建筑，已被列为全国重点文物保护单位。其他东西配殿等建筑大多建于明清时期，也有着很长的一段历史。

　　大佛殿内有一座"凹"字形的佛坛，佛坛上有17尊珍贵的唐代塑像，整个雕像群以释迦牟尼居中讲经说法，文殊、普贤分列两

南禅寺

旁，其他天王、金刚、童子各居其位，倾听佛法，姿态生动，表情逼真，实属唐代砖雕艺术的精品。此外寺内还有一座石塔和三座石狮，均为唐代文物。

　　跨入南禅寺，就仿佛进入了一座唐代艺术博物馆，这里不论是建筑，还是塑像、砖雕，都彰显着唐代艺术的无上风采，是中华民族的珍贵宝藏。

石狮

　　石狮一只高78厘米，另两只高45厘米。两块角石一块上雕一只卧狮，另一块上为两狮相对之状，均极为生动。

石塔

　　石塔共分五层，一层四周刻满佛教故事，四角各有一座小塔。二层每面正中雕刻佛像一尊，两侧各分上下两层，每层雕刻佛像两尊。三层至五层，每层各面均雕刻佛像三尊。

博物馆

　　博物馆是征集、典藏、陈列和研究代表自然和人类文化遗产的实物的场所，为公众提供知识、教育和欣赏的文化教育的机构、建筑物、地点或者社会公共机构。

南禅寺

佛　光　寺

　　佛光寺位于五台山县城北32千米处的佛光新村山腰，创建于北魏孝文帝时期。传说孝文帝曾路过这里，看到一团佛光在半山腰熠熠生辉，于是下令在佛光处兴建寺院，名为"佛光寺"。佛光寺历史悠久，属于全国重点文物保护单位。整个寺院坐东向西，三面环山，寺门正对山下平原，视野开阔，风景优美。

　　佛光寺内苍松翠柏，环境幽雅，建筑主次分明，错落有致。主要建筑为唐代所建的东大殿，气势恢弘，是我国唐代木质建筑的代表作品；另有北魏所建的六角形祖师塔，是佛光寺建于北魏时代的唯一证明；建于金代的前院文殊殿，具有显著的金代建筑特色；其他的明清时代的天王殿、伽蓝殿、万善堂、香风花雨楼等古建筑，在我国乃至世界建筑史上均有重要地位。

　　寺内还有唐代塑像、壁画、石幢、墓塔、汉白玉雕像等。唐代是我国佛教发展的极盛时期，佛光寺的文物，让世人充分领略到了唐代佛教艺术的美。

东大殿

　　东大殿位于佛光寺内东向山腰，建于唐大中十一年（857年）。大殿雄伟古朴，气势恢弘，殿内结构精巧，内有佛坛，佛坛内彩塑栩栩如生，主要彩塑均为唐代遗物。

佛光寺匾

文殊殿

　　文殊殿位于佛光寺内前院北侧，金天会十五年（1137年）建，为比较特殊的金代建筑。殿顶脊中琉璃宝刹为元朝烧制，殿内佛坛彩塑为金代遗物，五百罗汉壁画是明朝所画。

祖师塔

　　祖师塔位于佛光寺内东大殿南侧，北魏孝文帝时建，塔身用青砖砌筑，高约8米，平面六角形，两层，室内供有禅宗的无名、慧明两位祖师塑像。

佛光寺

显 通 寺

显通寺无量殿

　　显通寺位于五台地区的中心台怀镇，是五台地区的第一大寺，始建于东汉时期，是我国历史上最早的寺庙之一。显通寺原名为大孚灵鹫寺，传说是因为五台山与佛祖传经讲道的印度灵鹫峰极为相似，因此得名，后来历史变迁，经过多次改名，才最后称为显通寺。

　　显通寺占地面积极广，各种建筑有400多间，大多数为明清时期的建筑。中轴线上依次排列着七大主要建筑，由南至北分别是观音殿、文殊殿、大佛殿、无量殿、千钵殿、铜殿和藏经殿。这些殿宇造型皆各具特色，至今仍保存完好。

大佛殿是举办佛事活动的主要场所，每逢大的佛事活动日，各寺庙的僧尼都要身披袈裟，汇集到这里举行礼佛仪式。无量殿又被称为"无梁殿"，整座大殿内无梁无柱，形制非常特殊。千钵文殊殿供奉着铸于明代的千钵文殊铜像，造型奇特。铜殿是全国罕见的历史遗物，全殿由青铜所铸，殿内四壁铸满佛像，号称万佛。此外，显通寺的钟楼内还有一座五台山最大的铜钟幽冥钟。

东汉

　　东汉，又称后汉，是中国古代继秦与西汉之后的又一个大一统王朝，由光武帝刘秀于25年建立。

千钵文殊铜像

　　千钵文殊铜像上叠五个头像，胸前有手六只，其中的两只捧着一个金钵，钵内坐着释迦牟尼佛，背后向四周伸出一千只手，每只手上都有一个金钵，每个钵内都有一尊释迦牟尼佛，造型奇特。

幽冥钟

　　在显通寺的钟楼里，有五台山最大的铜钟——幽冥钟。钟的外部铸有楷书佛经一部，共一万余字，因为钟声绵长，又叫做长鸣钟，也称为长命钟。

显通寺

广 济 寺

广济寺位于五台县城内，始建于元朝至正年间，又因其位置靠近县城西门，故俗称其为"西寺"，是国家重点文物保护单位。

原来的广济寺属于我国佛教建筑的典型，坐北向南，二进院落，三座殿宇，主要建筑有山门、文殊殿、大雄宝殿、东西配殿等。因历史原因，现仅存规模最大的大雄宝殿。

为适应佛教活动的需要，整个大雄宝殿仅用两根金柱支撑，造型古朴，空间宽敞。殿内现存30尊泥塑像，其中主像三尊，供奉在佛台上，正中释迦牟尼佛，左边文殊菩萨，右边普贤菩萨，这三尊像合称为"华严三圣"。释迦牟尼佛两侧塑二弟子阿难、迦叶，文殊、普贤两侧塑胁侍菩萨，两尊佛台前两侧塑有韦驮、伽蓝，相对而立，东西两山墙下塑有十八罗汉像，均姿态各异，栩栩如生。佛台背面正中塑文殊菩萨骑狮子，左边塑观音菩萨骑朝天吼，右边塑普贤菩萨骑白象，合称"三大士"。整个雕像群雄浑古朴，造型夸张，属于元代泥塑的代表作品，现保存完好。

元朝

元朝，又称大元，是中国历史上第一个由少数民族（蒙古族）建立并统治全国的封建王朝。元朝是中国历史上面积最大的王朝。

广济寺

华严三圣

在佛教经典《华严经》中，文殊菩萨以智慧、普贤菩萨以大行辅佐释迦牟尼佛的法身毗卢遮那佛，因此这三尊佛像被合称为"华严三圣"。

三大士

"大士"意思是"伟大的人"，是对菩萨的通称。佛教中最伟大的菩萨是观音、文殊、普贤，所以三位菩萨合称为"三大士"，供奉三位菩萨的佛殿就叫三大士殿。

岩　山　寺

五台山

　　岩山寺位于五台山北麓的天岩山天岩村，始建于金正隆三年（1158年），元、明、清代多有修葺，属全国重点文物保护单位。

　　如今的岩山寺正殿已毁，现存山门、钟楼、南殿、东西配殿、禅院等，其中南殿为金代遗物，其余均为清朝至民国所建。

　　南殿又名文殊殿，殿内正中供奉文殊菩萨，旁边有胁侍、天王和文殊坐骑等，北面是水月观音，均为金代彩塑，形象传神，属于珍贵的历史文物。

　　然而南殿最珍贵的则是内壁四围的金代壁画，壁画精美华丽，画风严谨，与永乐宫壁画共称为山西古壁画的"双壁"。壁画总面积约90平方米，为金代宫廷画师王逵历时10年完成。壁画内容主要以佛教经传故事为主题，也有一些反映宋金时期社会活动的内容。西壁上的《酒楼市井图》是岩山寺金代壁画中特别具有生活气息

文殊菩萨塑像

的代表作之一，被世人称为"墙壁上的《清明上河图》"，其珍贵程度可见一斑。南殿壁画是研究宋金历史、社会、宗教、建筑、美术的珍贵资料。

金代

金是位于今日中国东北地区的女真族建立的一个政权，建于1115年，1125年灭辽，次年灭北宋。天兴三年（1234年）灭于蒙古与南宋的联合进攻。

永乐宫

永乐宫又名大纯阳万寿宫，位于山西省芮城县。永乐宫始建于元代，是典型的元代建筑风格，宫殿内部的墙壁上布满了精心绘制的壁画，其艺术价值之高，数量之多，世上罕见。

《清明上河图》

《清明上河图》为中国十大传世名画之一，由北宋画家张择端所作，属国宝级文物，现存于北京故宫博物院。此画生动地记录了中国12世纪城市生活的面貌，这在中国乃至世界绘画史上都是独一无二的。

岩山寺

洪　福　寺

洪福寺

　　洪福寺位于五台山西南的定襄县宏道镇北社东村村内，始建年代不详，但根据经幢上的记载，至少可以追溯到宋金时期。

　　洪福寺坐北朝南，背靠龙凤山，面对滹沱河，风景秀丽，环境幽雅。原为一座完整的寺院，有前后两进院落，现存正殿五间、东配殿五间、西配殿两间、南面山门一座和四周围墙。除正殿外，多为清代遗物。

　　正殿门上正中悬挂的一块"毗卢真境"匾额，是清道光九年（1829年）本村李航之书。正殿内的宋代彩塑是洪福寺内最具价值的文物，正殿佛坛现存9尊宋代彩塑，正中释迦牟尼庄重安详，身

旁侍立两位弟子阿难、伽叶，均表情生动，两侧的文殊菩萨和普贤菩萨慈悲和善，各有一个体态端庄的胁侍菩萨，外侧则为护法金刚两尊。佛坛两侧还有许多小悬塑，精致巧妙。

东配殿为清道光七年（1827年）重修，居中供奉地藏王菩萨，两旁为四尊龙王，旁边还有十殿阎王、判官功曹等。寺院内有金代经幢一通，以及历代补修碑六通。

经幢

经幢为古代宗教石刻的一种，创始于唐。其为柱状，柱上有盘盖，大于柱径，刻有垂幔、飘带等图案。柱身多刻陀罗尼或其他经文和佛像等。

地藏王菩萨

地藏王菩萨又叫地藏菩萨，为佛教四大菩萨之一，与观音、文殊、普贤一起，深受世人敬仰。曾说出："地狱不空，誓不成佛"、"我不入地狱，谁入地狱"的坚定佛语。

十殿阎王

十殿阎王是中国道教所说的十个主管地狱的阎王的总称，佛教沿用了这一说法。分别是：秦广王、楚江王、宋帝王、五官王、阎罗王、卞城王、泰山王、都市王、平等王、转轮王。

洪福寺

圆 照 寺

圆照寺位于显通寺东北面，灵鹫峰山腰，坐北朝南，始建于明朝永乐年间，原名普宁寺。

圆照寺有五座山门，与其他寺庙迥异。寺内有三重殿，第一重殿为天王殿，内塑四大天王，第二重殿为大雄宝殿，第三重殿称都刚殿。都刚殿后有藏经楼，内置《大藏经》。

圆照寺的名字与名气，皆来源于大雄宝殿后一座白色的舍利塔。此塔高五丈，四角各设小塔，造型奇特，塔内供奉尼泊尔高僧室利沙的舍利子。明永乐初年，印度高僧室利沙来华传教，应诏于大善殿讲经论法，深得永乐皇帝的欣赏，后常驻五台山讲经。后来，室利沙又被明宣宗朱瞻基召入北京，奉旨讲法。传说，朱瞻基恳劝室利沙住在北京，室利沙执意要返回五台山，皇帝没有许可，不料就在请旨

圆照寺舍利塔

未准的第二天，室利沙无疾而亡。皇帝闻讯深感后悔，遂将其舍利子一分为二，建塔珍藏，一在京西建塔，同时建寺，名曰真觉；另一在五台山普宁寺建塔，并重修此寺，改名圆照寺。

永乐

　　永乐是中国明代明成祖朱棣的年号。定都北京、郑和下西洋、编修中国古代类书之冠的《永乐大典》等重大历史事件都发生在这一时期。

尼泊尔

　　尼泊尔全称尼泊尔联邦民主共和国，为南亚山区内陆国家，位于喜马拉雅山南麓，北邻中国，其余三面与印度接壤。尼泊尔是亚洲的古国之一。

明宣宗

　　明宣宗朱瞻基，汉族，明朝第五位皇帝。洪熙元年（1425年）即位，年号宣德。他统治的时期与明仁宗时期并称"仁宣之治"。

圆照寺

罗睺寺

罗睺寺位于台怀镇显通寺以东，始建于唐代，明清曾多次重修，至今整体保存完好，是五台山地区保存最好的大型寺庙之一。

罗睺寺属典型的佛教建筑风格，山门前有一对石狮，是珍贵的唐代文物。大殿共分四重，第一重为天王殿，内塑四大天王；第二重为文殊殿，内供文殊菩萨；第三重为大佛殿，内供"三世佛"；第四重为后殿，里面是罗睺寺最负盛名的"开花现佛"。

"开花现佛"在很长的一段时间里都充满了神秘色彩。在后殿正中，高高竖立着一朵一丈多的莲花，每当有人虔诚祭拜的时候，莲花会缓缓绽放，显露出花瓣中间的四方佛、二十四诸天和十八罗汉画，十分奇妙，这一景观使罗睺寺声名远播。事实上这种现象是通过复杂的机械原理和殿下面的一座暗室实现的，体现了古代人们的智慧和创造力。

罗睺寺是五台山著名的十大黄庙之一，青海、西藏的喇嘛教信众来五台山朝拜几乎都要到罗睺寺礼佛，同时也是我国汉藏民族团结的象征。

四大天王

四大天王分别是持宝剑的南方增长大王，抱琵琶的东方持国天王，持雨伞的北方多闻天王，缠长蛇的西方广目天王，民间称他们为风、调、雨、顺四神。

罗睺寺石狮

文殊殿

　　罗睺寺所供文殊菩萨的殿为黄庙风格，这里的文殊菩萨面部为乳白色，而非贴金黄色，肩膀两边伸出了肩花，花上还放置了经书和智慧剑，文殊坐骑是卧在莲花上，而不是站立在砖台上。

青庙黄庙

　　青庙即大众所说的和尚庙，是汉传佛教徒的修行之所。黄庙即大众所说的喇嘛庙，是藏传佛教徒的修行之所。

金 阁 寺

　　金阁寺位于南台之北，中台之南，建造于唐代宗大历元年
（766年），海拔1900米，是五台山地区除各台顶寺庙外海拔最高
的寺庙。

　　金阁寺气势恢弘，外观壮美，系中国密宗佛教创始人不空法
师派其弟子含光到五台山主持建造的。工程得到了全国上下的通力
支持，据说唐代宗甚至下诏命全国十节度使助缘建寺。寺庙建筑式
样是参照当时印度最著名的寺庙那烂陀寺，工程历时五年。建成后
的金阁寺金碧辉煌，后几经灭佛和兵燹，不复原貌，现存寺庙为明
清及民国多次修复后的形制。

金阁寺

全寺分前后两院，前院以观音阁为主体，阁内供奉一座高17.7米的千手观音铜像，名为千手，实有手臂48条，为明嘉靖三十年（1555年）所铸，是五台山地区最高的佛像，也是金阁寺的特有标志。后院立有大雄宝殿五间，内供"三世佛"及十八罗汉。两侧配殿也有许多雕塑。金阁寺共计有殿堂160多间，雕塑众多，各殿中塑像共有千余尊，为五台山佛教塑像最多的寺院。

节度使

节度使是中国唐代开始设立的地方军政长官。因受职之时，朝廷赐以旌节，故称节度使。节度一词出现甚早，意为节制调度。

那烂陀寺

据史料记载，那烂陀寺始建于5世纪，是古代印度佛教最高学府和学术中心，历代学者辈出，中国著名的玄奘法师曾在此学习多年。

观音阁

观音阁分上下两层，下层铜像身旁为两尊高大的胁侍像，传说为观音的父母"妙庄王夫妇"。上层两侧又有文殊菩萨和普贤菩萨塑像。西南壁角塑有诏令建造该寺的唐代宗李豫像。

尊 胜 寺

尊胜寺位于五台县城东北部，距县城20千米。相传唐代印度僧人佛陀波利在此拜见文殊菩萨，因此建寺，原名为善住阁院，后改名为真容禅院，明万历十九年（1591年）定名为尊胜寺。寺内清康熙二十四年（1685年）碑详细记载了该寺的历史。现存寺庙为民国年间重修，属山西省重点文物保护单位。

尊胜寺坐北向南，规模宏大，共有殿宇楼阁200余间，7座大殿，分别是在中轴线上排列的天王殿、大雄宝殿、三大士殿、藏经楼、诸天殿、五文殊殿，以及寺院对面的观音殿。寺前有一对石狮，连座高约3米，是五台山形体最大的石狮。七进大殿后面，建有一座砖塔，高39米，其下砖砌券洞33间，原供有33尊护法神，名曰万藏砖塔。大殿两侧有许多的小院落，多数为僧房，布局迂回曲折，建筑工艺精细，值得一观。另外寺内有铭刻《佛顶尊胜陀罗尼经》的宋代经幢，已有近千年的历史。

藏经楼

藏经楼是一座二层建筑，阁内供奉有十二圆觉菩萨，比例和谐。其建筑样式，外观两层，华丽玲珑，入内却是一室。

尊胜寺砖塔

诸天殿

诸天殿中供高1.36米的释迦牟尼玉佛像，旁立弟子目犍连、舍利弗，周围为二十四诸天佛，殿后有双层结构的三皇三圣洞。

五文殊殿

五文殊殿供奉的是传说中文殊菩萨的五大法身，分别是：聪明文殊、智慧文殊、狮子吼文殊、无垢文殊、孺童文殊。

延 庆 寺

延庆寺

　　延庆寺坐落在五台县阳白乡善文村，距南禅寺西北6千米处。寺内建筑现仅存完整大佛殿，其余山门、东西配殿等均已破损严重，是五台山地区保存状况最差的古寺庙之一。

　　大佛殿宽三间左右，长约13米，主要结构均为木制，单檐歇山式屋顶，平面近似正方形。始建年代已经没有史料可考，但根据其建筑特点，耍头、补间斜拱、驼峰的处理均与佛光寺文殊殿相似，通长两椽的大托脚木和耍头又与朔州崇福寺弥陀殿、观音殿的手法酷似，由此可以推断，延庆寺的始建年代应为金代。另外，大殿顶用巧妙的建筑方式节省下一条四椽，也符合金代末期的建筑风格。

大佛殿内现有简易佛像，规模不大，应属于近代作品，墙壁为白色，也应是近代维护的。

延庆寺前有一经幢，高7米，分为4层，造型别致，结构紧密，上刻《尊胜陀罗尼经》，经末刊有"景祐二年岁次乙亥拾月辛亥朔拾五日时建"字样。由此可见，此经幢是北宋年间的产物。

歇山式

歇山式为常见古建筑屋顶的构造方式之一，由前后两个大坡檐，两侧两个小坡檐及两个垂直的等腰三角形墙面组成。

朔州崇福寺

崇福寺位于山西省朔州市朔城区东街北侧，创建于唐麟德二年（665年）。它是一处规模宏大，殿阁群居的古寺庙。

景祐

景祐是北宋第四代皇帝宋仁宗赵祯的年号，北宋使用该年号共计5年。景祐二年即1035年。

公　主　寺

　　公主寺位于山西省忻州市繁峙县杏园乡公主村，属五台山北台外寺庙，国家级重点文物保护单位。创建于北魏，传说为北魏诚信公主出家的地方，原寺址在山寺村，在现址南5千米左右，后来明代重建时，迁址到现在的公主村。

　　公主寺坐北向南，现有建筑40余座，主体建筑有山门、过殿、韦驮殿、大雄宝殿、伽蓝殿、马王殿、财神殿、二郎殿等，均为明清所建。其中最有价值的是建于明代的过殿和大雄宝殿，过殿内保存有200余平方米的明代壁画，以及十八罗汉等30余尊彩塑。大雄宝殿内有明代壁画90余平方米，雕塑5尊，佛坛中央为释迦佛，背后是观音菩萨，左右为文殊、普贤彩塑。两殿内的壁画美轮美奂，栩栩如生，有很高的艺术价值，而且是研究明代社会活动的珍贵资料，和永乐宫壁画并称"南北双珠"。

　　寺内还有圣母庙和清康熙二十三年（1684年）所建戏台，较为特别，在其他寺庙中很难见到。

诚信公主

　　诚信公主是北魏文成帝四女儿，传说因与大臣之子相爱，却被皇帝所阻，故离家出走，后出家于五台山，公主寺因此而得名。

五台山山上小路

永乐宫壁画

　　永乐宫壁画是中国古代壁画的奇葩。它位于山西省芮城的永乐宫，其艺术价值最高的首推精美的大型壁画。这些壁画不仅是我国绘画史上的重要杰作，在世界绘画史上也是罕见的巨制。

戏台

　　戏台位于公主寺的一侧院内，木质，台上有一副对联如下："天下事富贵功名无非是戏，世间人权利荣辱何须认真"。

三 圣 寺

　　三圣寺位于山西省繁峙县砂河镇西沿口村，始建年代不详，但主体建筑有金代构件，故至少可追溯至金代，国家重点文物保护单位。传说三圣寺原名三皇庙，又叫做先医庙，为古代祭祀医神之所。

　　三圣寺坐北向南，寺前有两棵古树。据说三圣寺原来规模很大，寺前立有石狮，寺内有钟楼、鼓楼等，现在仅存前后两院，主要建筑有山门、过殿、大雄宝殿。过殿为地藏殿，正面泥塑地藏菩萨坐像，两旁侍立闵公和道明，背面为倒坐观音，两边为四大天王。过殿墙壁上有色泽鲜艳的壁画，传说为明代作品。大雄宝殿内供奉有木雕的"华严三圣"，这也是三圣寺名字的由来。三圣像雕花背光，前面有韦驮等泥塑，无

风景优美的五台山

论木刻、泥塑均雕工精细，技巧不凡。殿东西北三面墙壁亦有许多壁画，一说为明代画作，也有说为清朝晚期作品。

前后院之间建有南北两个舞台，中间用隔板分开，俗称鸳鸯台。

三皇

三皇起源于民间传说，其实是原始社会给人们作出巨大贡献的人。三皇的具体所指有多种传说，流行说法为《古微书》中记载的三皇为"伏羲"、"神农"、"黄帝"。

韦驮

韦驮是佛的护法神。据说，在释迦佛入涅时，邪魔把佛的遗骨抢走，韦驮及时追赶，奋力夺回。因此佛教便把他作为驱除邪魔、保护佛法的天神。

闵公和道明

闵公和道明是地藏王菩萨胁侍，通常为一僧一俗的形象，二人是父子关系，人们常说的"在家为父子，出家为兄弟"，指的就是闵公与道明。

惠 济 寺

五台山风景

　　惠济寺位于原平市中阳乡练家岗村，距原平市12千米，为五台山台外的重要寺庙。创建于唐，重建于宋，后历代均有修葺。

　　惠济寺坐北朝南，主要建筑有文殊殿、大佛殿、东西配殿、钟楼。其中大佛殿为主殿，是宋代遗物，寺内其他建筑物均为明清后建。另外，寺内还有一处名为龙泉的景观。

　　文殊殿内的佛坛上有18尊彩塑，有佛、菩萨、胁侍、童子、金刚等，是宋代彩塑中的佳作。殿内两山墙有以菩萨救难为主题的壁画，共20多平方米，色彩以石绿和铁青色为主，很有历史感。

　　大佛殿内现仍保存有两根唐代立柱，两壁有千佛阁，阁内有

157尊宋代木雕，其中10尊有三头六臂，雕工精细，艺术性极强。大佛殿的一角有曹姑姑坐化像，是用人的遗体泥塑而成。据传在建此庙时，有一个名叫曹氏的老婆婆愿以汲水为布施，每日清晨汲水一缸，则全天施工用水取之不尽，竣工后曹氏便坐化了。后人感其虔诚，将她的遗体做成一座雕塑，供奉在殿中。

龙泉

龙泉指惠济寺内的一眼泉水，传说可以净化人的身心，很多人都希望能沾上一点净水，与佛结缘。此处的泉水与观音瓶里的净水有着相似的意义。

彩塑

以黏土加上纤维物、河沙、水糅合成的胶泥为材质，在木制的骨架上进行形体塑造，阴干后填缝、打磨，再着色描绘的作品称彩塑。

布施

布施又称为檀那、布施度或布施波罗蜜，是大乘佛法六度之中的一项。以福利施予人，以施予财物为本义。

惠济寺

塔 院 寺

　　塔院寺位于台怀镇的大白塔处，该寺原为大华严寺塔院，明代永乐五年（1407年）扩充建寺，寺名塔院，沿用至今。塔院寺是五台山五大禅林之一、青庙十大寺之一，在佛教界占有一定地位。

　　塔院寺坐北朝南，规模宏大，寺内主要建筑有大白塔、大雄宝殿、藏经阁、钟鼓楼、天王殿、山海楼、文殊发塔等。寺前有三间玲珑雅致的木牌坊，为明代万历年间建筑。大白塔为五台山众塔之首，据说塔内藏有佛祖真身舍利。该塔雄伟挺拔，通体洁白，塔身状如藻瓶，有"清凉第一胜境"之称，具体建造时间不详，据考证可能始建于元大德六年（1302年）。大白塔下有佛足碑，同为镇寺之宝。文殊发塔在大白塔东侧，高两丈余，通体砖构，外抹白灰，相传塔内藏有文殊菩萨显圣遗留的金发。藏经阁在大白塔北侧，正中门顶木匾上有乾隆皇帝御笔绝句一首，阁内有一六角形木制经架，名为转轮藏。

乾隆绝句

　　乾隆帝曾写过一首绝句悬在藏经阁："两塔今惟一尚存，既成必坏有名言。如寻舍利及丝发，未识文殊与世尊。" 其中两塔指佛祖舍利塔和文殊发塔。

塔院寺藏经阁

佛足碑

　　佛足碑位于大白塔底座的碹洞里。佛祖释迦牟尼去世前站在一块大石上，对弟子阿难说："我最后留此足迹，以示众生。"唐玄奘取经时，把这佛足印也拓下带回中国，给世人供奉。

转轮藏

　　转轮藏为六角形木制经架，上大下小，共33层，高约10米，每层分若干小格，放置经书，架下有转盘能够来回运转。按佛教的说法是转动诵经，能为朝山拜佛者消灾除难。

殊像寺

五台山

　　殊像寺位于台怀镇西南500米处，始建于唐代，历经多次重修，与显通寺、塔院寺、菩萨顶、罗睺山共称五大禅处，又为五台山十大青庙之一。

　　殊像寺坐北朝南，寺内假山、松树等人为景观较多，有浓厚的园林风格，历史上有多位皇帝、太后曾来此朝圣。中轴线上有天王殿、文殊殿、藏经阁，两旁有钟楼、鼓楼、祖师堂、禅堂、方丈室等。山门前有卧狮一对，山门内有哼哈二将塑像。文殊殿为主殿，殿内供奉五台山最高的文殊菩萨像，坐骑狻猊，关于此像还有"荞面头文殊菩萨"的传说。文殊像两旁有四胁侍，沿墙有"五百罗汉过江"悬塑四层，在殿内柱子上还蹲有一尊罗汉，传说是中国

殊像寺文殊殿

的济公和尚，因其入堂排座次的时候晚来了一步，所以蹲在了柱子上。

在殊像寺外牌楼的前下方，有一股清澈见底、常年不冻的清泉，名般若泉。在寺后西北角一个僻静的地方，还有一个富有神话色彩的房间——善静室。

荞面头文殊

传说殊像寺建寺之时，工匠对文殊菩萨长相如何莫衷一是，争吵间忽见文殊菩萨显圣于云间，仓促间一伙夫以荞面捏成菩萨头像，故殊像寺文殊菩萨像又被称为"荞面头文殊"。

般若泉

般若泉泉水清澈甘甜，历史上的般若泉泉水多作为入朝贡品。许多朝山拜佛的善男信女，常将泉水装进瓶里，带到远方，送给亲人。当地人也称般若泉为"万水泉"。

善静室

传说清朝康熙年间，皇室三公主出家于善静室清修，皇帝怀疑其与寺内一青年和尚有私情，派人纵火烧寺。三天之后，全寺唯善静室犹存，似乎有菩萨在为二人证明清白一般。

广 宗 寺

五台山

广宗寺位于台怀镇营坊村山腰，始建于明正德二年（1507年），清代重修。

广宗寺俗称铜瓦殿，为明武宗御旨建寺，初时仅建主殿，全称为铜瓦铜脊文殊宝殿，尚无寺名。此殿建成后，后来又陆续建造了山门、钟楼、鼓楼、僧房、藏经楼等建筑。明武宗亲自赐名为"广宗寺"，意为广弘正宗佛法，该寺由此扬名，为五台山十大青庙之一。

广宗寺虽规模很小，但布局严谨，主要建筑有天王殿、大佛殿、藏经楼、灵骨塔等。天王殿紧挨道边，供有铜质弥勒菩萨，笑口常开，观之让人乐而忘忧。大佛殿是实际意义上的"铜瓦殿"，木质结构，铜瓦铜脊，供有"华严三圣"，两旁侍立十八罗汉，殿内挂有康熙御匾，上书"云嵋"二金字。藏经楼坐落在铜瓦殿后面，底楼供着3尊檀香木雕的"三世佛"。据传，这3尊佛像皆来自佛教的故乡印度，十分珍贵。寺内东北角建有一座通体洁白的墓塔，塔高6米，是原中国佛学院院长法尊法师的灵骨塔。

明武宗御旨建寺

弘治中后期，明孝宗欲在东台顶建寺为民祈福。可是寺没有建成，孝宗就去世了，明武宗朱厚照为圆父亲遗愿，下旨建寺，因东台顶风大，不利建寺，改建于现址。

广宗寺大雄宝殿

康熙御匾

传说康熙之父顺治帝弃帝位在五台山出家，康熙曾多次寻访，在广宗寺与其父有一面之缘又失之交臂，长叹不已，手书"云嶂"二字，表达自己愁眉难舒的心绪。

法尊法师

法尊法师精通藏文，他把长达200卷的《大毗婆娑论》译成藏文，对佛教界作出了巨大的贡献。因广宗寺是他出家的地方，在他80岁圆寂后，人们就选择这里作为他安放灵骨的地方。

广 仁 寺

广仁寺光绪御笔木匾

　　广仁寺位于台怀镇，与罗睺寺仅一墙之隔。原为罗睺寺接待客堂，又称十方堂，其大门前挂着光绪皇帝御书"十方堂"匾额，后来道光年间改建成寺。

　　广仁寺坐北向南，一进三院，主要建筑有山门、天王殿、中殿、后殿、配楼等。与其他大多数寺庙不同，该寺的天王殿没有供奉四大天王，而是供奉着一尊慈眉善目、坐姿端庄的女性神像，这尊佛像名叫"绿度母"，是藏传佛教中的女神。相传绿度母是观音菩萨多个化身之一。　大殿门楣上悬挂着光绪皇帝御笔"广仁寺"木匾一块，用四种文字写成，配以龙形镶边，精美华丽。殿内供奉

药师佛、阿弥陀佛、释迦牟尼佛三位主佛。四周的壁龛内供有佛像千余尊，因殿内佛像众多，又被称为千佛殿。后殿内主供弥勒佛铜像，香案上供着宗喀巴大师及其弟子的铜像八尊。后殿内最珍贵的是道光版《甘珠尔经》，用黄绫包裹，置于大殿壁龛之上。

绿度母

绿度母为观世音菩萨的二十一尊化身之一。此尊为少女相，全身绿色，一面二臂，现慈悲相。头戴五佛宝冠，身佩各种珠宝，着各色天衣，下身重裙，以示庄严。

光绪皇帝

清德宗光绪皇帝，名为爱新觉罗·载湉，4岁登基。1898年，光绪帝起用康有为、梁启超等进行"戊戌变法"，103天后失败。1908年暴死，终年38岁，庙号德宗。

宗喀巴大师

宗喀巴（1357—1419）为藏传佛教格鲁派（黄教）的创立者、佛教理论家。在中国西藏、青海、内蒙古、甘肃、北京等地区的喇嘛寺院里，都有宗喀巴塑像。

广仁寺

观 音 洞

五台山

观音洞位于台怀镇南3千米处的栖贤谷口，始建于明代，清代重建，传说观音菩萨曾于岩洞中显圣，故依洞建寺。

观音洞建于悬崖之上，地势陡峭。崖底有一座方方正正的四周围墙高筑的建筑，就是观音洞的下院。穿过下院，有从山石上开凿出的阶梯，直通崖顶上院。路上一块凸出的岩石之上，建有一座"飞来亭"，亭上有三幅"观音救难图"，故又名观音亭。中部岩畔有一处建筑，名叫香积佛殿，佛殿中间一段墙壁上画有六位一组的十八罗汉，罗汉各具形态，是一幅生动的佛家生活画。沿石阶至顶，就到了观音洞的上院。上院正殿名观音殿，内供"八臂十一面观音"，两侧还供有文殊菩萨、普贤菩萨、弥勒菩萨和黄教祖师宗喀巴。大殿后左右各有一个岩洞，东面洞穴略小，传说六世达赖仓央嘉措曾在此洞静坐；西面洞穴较大，里面供有观音像，内有一池，名为观音泉。池水清澈，被朝拜者们称为圣水，传说饮之可消灾解厄。

观音救难图

三幅表现观音菩萨大慈大悲的观音救难图，一是观音显圣救一被歹徒捆住举刀要杀的人；一是观音显圣救一被歹徒搬起石头要砸的人；另一是观音端坐云端救一将被猛虎伤害的人。

五台山亭台

八臂十一面观音像

在藏传佛教中，十一面观音有八只手，在背后环列，呈放射状。十一面观音的每一面都有特殊的含义。

仓央嘉措

仓央嘉措，门巴族人，六世达赖喇嘛，善写诗歌。史载1706年，他在青海湖滨去世，但后世对他的去向有多种说法，一种说法就是避难于五台山观音洞。

观音洞

龙 泉 寺

　　龙泉寺位于五台山台怀镇南5千米处的九龙岗山腰，创建于宋代，明代重修，清末至民国初年重建。

　　龙泉寺坐北向南，现有三道院落横向排开，中轴线上有影壁、牌坊及三道院落中的东院。影壁在寺院最前，中间嵌有汉白玉石雕，雕刻内容为骑乘狮子的文殊菩萨以及人物、花卉等，雕工精细，艺术价值极高。影壁后，登上108级石阶方到山门，山门前有一座三门四柱牌坊，更为精致壮观，全部用汉白玉石雕造而成。整个牌楼雕满飞龙、花梁、纸扇、宝镜、书笔、尘掸、玉壶等多种图案，形象逼真，据说从始建到雕刻完工共历时10年。牌坊后面的东大院前后两进，有天王殿、观音殿、大佛殿等建筑。中院是清末民初五台山高僧普济禅师的墓塔，因为普济生前自称弥勒转世，故塔身雕刻有4尊弥勒佛，又有金刚托塔以及100多尊小佛。墓塔通体全用汉白玉石做成，造型和雕工均十分精美。西院也有一座石塔，为南山寺第二代当家和尚的墓塔。此外，龙泉寺西北有令公塔。

寺名由来

　　传说很久以前，被文殊菩萨以无上佛法镇压的九条恶龙在九道山岭之下。山岭汇集之处，有一眼泉水，据说泉眼底部仍可看见九条小龙的影子，故泉水名为龙泉，寺也就叫做龙泉寺了。

五台山风光

影壁

　　影壁也称照壁，古称萧墙，是中国传统建筑中用于遮挡视线的墙壁。旧时，人们认为自己的住宅中不断有鬼来访，如果有影壁的话，鬼看到自己的影子，会被吓走。

令公塔

　　北宋名将杨继业以身殉国后，被宋天子追封为太师中书令。令公是古代对中书令的尊称，故后人将这座埋有杨继业忠骨的塔叫做令公塔。

龙泉寺

碧 山 寺

五台山

　　碧山寺位于北台叶斗峰之下，创建于北魏，重修于明代，曾名普济寺、护国寺、北山寺等，又以"广济茅棚"的别称广传海内外。碧山寺现在的全名为"碧山十方普济禅寺"，表明了碧山寺"十方禅寺"的性质。

　　碧山寺占地面积广阔，历史悠久，寺内有多处碑记。寺院中轴线上有四座大殿。第一进大殿是天王殿，与其他寺庙不同的是天王殿内供奉的弥勒佛、四大天王、韦驮等佛像都置于佛龛或壁窗中。第二进大殿是毗卢殿，殿内供奉毗卢佛，大殿庄严气派，左山墙外壁嵌有一块明万历年间的石刻题诗。第三进大殿叫戒坛殿，殿

碧山寺戒坛

内正中有一座青石砌成的戒坛，始建于北魏，是五台山地区唯一的戒坛。戒坛中央供奉着一尊来自缅甸的石雕玉佛，玉佛雕工精致，选材考究，与真人一样大小。最后一进大殿为弥勒殿，自成一个小院，原为藏经殿，现供奉一尊弥勒佛。佛像坐姿与平时迥异，双腿自然下垂，双脚蹬地，为"弥勒下生"像。

广济茅棚

宣统年间，有乘参、恒修两位老修行在北台下修建了一座茅棚，供朝礼北台的僧人和居士们歇脚和饮居，即广济茅棚。后来广济茅棚与碧山寺合成一体。

十方禅寺

十方禅寺是专门供游方僧人居住，并由十方僧人管理的寺院。凡是出家僧尼和居士信徒到了碧山寺，一律食宿免费，任何人无权逐客，起程时如果缺少路费，寺中还得周济盘缠。

弥勒下生

佛教经典中说弥勒佛是继释迦牟尼之后的未来佛，以后将从兜率天下生此世界，在龙华树下继承释迦牟尼而成佛。弥勒下生像表现的就是这个情景。

碧山寺

南 山 寺

五台山

南山寺位于台怀镇南大约2000米处，始建于元代，原名"大万圣佑国寺"，寺内存有元代石碑为证。现在的南山寺分为上中下三大部分，分别是下三层的极乐寺，中间一层的善德堂，上三层的佑国寺，由清末民初一位法号普济的和尚将三部分合而为一，统一称为南山寺。

南山寺依山而建，气势恢弘，雄伟壮观。寺院最下面是五台山最大的一堵影壁，影壁后又有极其宽阔的108级台阶，台阶尽头是两座石牌楼，都给人一种极其壮观的感觉。石牌楼后面下层是一座石砌，上层为木建的大钟楼。钟楼左侧，经过一座上挂"敕建极乐寺"匾额的小殿，就来到了南山寺的主殿"大雄宝殿"。殿内彩塑非常精美，主供释迦牟尼佛，另有送子观音一座，生动传神，十分引人注目。殿内还有一幅竖匾，上有慈禧太后题写的"真如自在"四字。从大雄宝殿左侧向上走，穿过善德堂，便来到上三层的佑国寺。佑国寺是三进院落，共有石刻图案近千幅，内容丰富，雕工精美，冠绝五台。

普济和尚

普济为清代末年的住持和尚，慈禧太后曾亲笔题写"真如自在"木匾赐普济。民国初年，由东北信徒捐资，普济和尚将原有的极乐寺、佑国寺、善德堂三处合建在一起，称为南山寺。

南山寺影壁

慈禧太后

慈禧太后（1835—1908），叶赫那拉氏，名杏贞，以皇太后身份垂帘听政或临朝称制，为1861年至1908年间大清帝国的实际统治者，被称为清朝"无冕女皇"。

送子观音

中国传统崇尚人丁兴旺、多子多福，观音随佛教传入中国以后，被人们赋予了送子的职能，后来就慢慢演变出了送子观音的形象。

菩 萨 顶

菩萨顶

　　菩萨顶位于台怀镇灵鹫峰上，显通寺的北侧，始建于北魏年间，曾名为真容院、大文殊寺，历代多次重修，是五台山十座黄庙中的首庙，又是传说中的文殊菩萨道场。

　　远远望去，菩萨顶寺院黄瓦红墙，金碧辉煌，外观参照皇宫制式营造，内部又有浓厚的藏传佛教韵味，别具特色。全寺建筑大体上可以分为前院、中院、后院三个部分，均为清朝康熙年间所建。

　　经过寺前照壁，登上108级台阶，就会看见木制四柱三门的牌楼一座。牌楼中门大匾上，有康熙皇帝御笔亲题"灵峰胜境"四个

鎏金大字。大雄宝殿内供释迦牟尼、弥陀、药师三佛，我国藏传佛教的大活佛达赖、班禅朝拜五台山时都在这里讲经说法。文殊殿内有藏族佛教教徒供奉的12幅唐卡，文殊殿还另有"滴水殿"之称。东禅院内有两座四楞碑，是用汉、满、蒙、藏四种文字刻写的碑文，是乾隆皇帝的御笔。菩萨顶后院还有远近闻名的大铜锅，相传为"六月大会"时供所有参会的人煮粥之用。

唐卡

　　唐卡，藏文音译，指用彩缎装裱后悬挂供奉的宗教卷轴画。唐卡是藏族文化中一种独具特色的绘画艺术形式，传世唐卡大都是藏传佛教和苯教作品。

滴水殿

　　过去，文殊殿有一块檐瓦，无论春夏秋，还是阴晴雨雪，总是往下滴水。时间长了，文殊殿前的一处阶石上面甚至形成了蜂窝状的矿物质，这就是"滴水殿"名字的由来。

六月大会

　　从清朝开始，五台山每年农历六月初六至六月十五都要做道场、办法会，所有寺庙都要大开山门，迎接各地香客游人，这就是"六月大会"。

菩萨顶

黛 螺 顶

　　黛螺顶位于台怀镇东面清水河旁，始建于明代。黛螺顶本是这所寺院所在山峰的名字，而寺院原来叫做佛顶庵。直至清朝年间，寺院才与山峰同名。

　　黛螺顶山峰不高，垂直高度仅有400米，登上由山下至寺门前的大智路，寺庙就出现在眼前。寺庙坐东向西，中轴线上由西向东依次有天王殿、旃檀殿、五方文殊殿和大雄宝殿。天王殿既是山门，又是第一座大殿，内塑四大天王。旃檀殿是一座奇特的六角形建筑，内供站立于佛坛之上的释迦牟尼像，即旃檀佛。五方文殊殿内供五方文殊，即中间供中台孺童文殊，左侧供北台无垢文殊，右侧供南台智慧文殊，左侧殿坛供东台聪明文殊，右侧殿坛供西台狮子吼文殊。人们俗称到此殿内朝拜为

黛螺顶旃檀殿

"小朝台"。大殿前立的石碑是清乾隆御制碑，上面刻有乾隆皇帝御笔亲题的碑文。大雄宝殿内供铜铸释迦牟尼佛、阿弥陀佛、药师佛和帝释天、大梵天、迦叶、阿难，两侧为十八罗汉彩塑。

大智路

五台山是文殊菩萨的道场。文殊菩萨在诸菩萨中智慧第一，故又称大智文殊，大智路由此得名。大智路共有1080级台阶，也有特殊的佛教意义。

旃檀佛

佛教传说，释迦牟尼的弟子们，把他站立在水中的倒影绘制下来，并以此画雕刻成像，叫做"照佛"。由于第一尊"照佛"就是由旃檀木雕刻而成，所以照佛又叫"旃檀佛"。

小朝台

登上五台山的五座台顶朝拜文殊菩萨叫大朝台，登黛螺顶朝拜五方文殊菩萨则叫小朝台。据传这种说法是乾隆皇帝因登五座台顶朝拜不成，而改用的折中办法。

黛螺顶

79

五 方 佛

五台山释迦牟尼佛像

在佛教密宗里，所供奉的主尊佛是"五方佛"，代表五种智慧，是净化"五蕴"后的产物。他们东西南北中各住一方，分别是东方不动如来、南方宝生如来、西方阿弥陀如来、北方不空成就如来和中央大日如来。

东方不动如来，净化色蕴。色蕴是指人的身体和五官等，本身没有独立认识思考的作用，经过净化后形成特有的智慧，就是大圆镜智，就像镜子一样可以反映出外在的事物。

南方宝生如来，净化受蕴。受蕴是指对苦、乐的感受能力，在经过净化以后，获得的智慧为平等性智。

西方阿弥陀如来，净化想蕴。想蕴是指人分辨事物外相、性

质等认识功能，在经过净化之后，就转为妙观察智。

北方不空成就如来，净化行蕴。行蕴是指人的各种认识功能和心理活动，比如发动我们身体做事的各种心理活动，经过净化后就是佛的成所作智。

中央大日如来，又名毗卢遮那佛，是五方佛之首，所净化的"五蕴"为识蕴。识蕴是指人的五官之识和意识，经过净化后转为法界体性智，就是空性的智慧。

密宗

密宗，即秘密大乘佛教，是大乘佛教的一个支派，为印度后期佛教的主流。这一系的佛教，有不许公开传授及充满神秘内容的特征，因而又被称为密教。

大日如来

大日如来是佛教密宗至高无上的本尊，是密宗最高阶层的佛，为佛教密宗所尊奉最高神明。密宗所有佛和菩萨皆自大日如来所出，他是佛教密宗世界的根本佛。

净化

净化就是清除不好的或不需要的，使纯净。另指在文学阅读中，继共鸣之后而不由自主达到的调节精神、排遣情绪、去除杂念和提升人格的状态。

五方佛

大雄宝殿

一般寺庙中的主殿叫做大雄宝殿，主要供奉佛祖释迦牟尼，是寺庙里的僧众集中修持的地方。

"大雄宝殿"这个名字里面的每个字都有着独特的含义。大，意为包含万有，雄，意为慑服群魔，"大雄"二字合在一起为佛的德号，表示佛祖威力广大，雄震大千；"宝"指的是佛、法、僧三宝。

大雄宝殿内的佛像布局一般都是大殿正中供主尊佛像，多为释迦牟尼像或三世佛像；大殿两侧供十八罗汉；正中佛坛背后供三大士或海岛观音像。不过各地寺庙因自身情况，布局多有不同。大雄宝殿中的释迦牟尼佛像主要有三种造型姿势：前两种为坐姿，分别名为"成道相"、"说法相"，第三种是卧相，释迦牟尼向右侧平卧，这是他进入涅槃的姿势。此外还有一种立佛，叫做"栴檀佛像"。另外，由于大雄宝殿是寺院的正殿，一所寺院只会有一个大雄宝殿，寺院另建新的主殿后，会把原来的主殿易名。

修持

修持就是佛教教徒依佛法修正自己因妄念而产生的种种错误，持戒以止恶扬善，通过持之以恒的实践，而达到求证佛果的目的。

大雄宝殿

成道相

释迦牟尼结跏趺坐，左手横置左足上，名为定印，右手直伸下垂，名为"触地印"，这种姿势的造像，名为成道相。

说法相

释迦牟尼结跏趺坐，左手横置左足上，右手各上屈指做环形，名为"说法印"，这是"说法相"，表示佛说法的姿势。

大雄宝殿

杨五郎出家的传说

　　杨五郎是我国宋代著名的杨家将之一，杨业老令公的第五子，名延朗，以骁勇善战著称。

　　相传，宋朝初年，宋太宗领杨家将征辽，在五台山见到文殊菩萨显圣，因此休兵罢战，带众将前往五台山白鹿庵拜见高僧睿谏法师。睿谏法师为太宗讲经说法，在众将中唯有杨五郎似有所悟。果然，太宗走后，五郎去而复返，向睿谏法师求教心中疑惑。睿谏法师以佛法为五郎开解。临别时，睿谏给了五郎一个黄绸包袱，并再三叮咛："遇到大难时，方可打开。"

　　后来辽国萧太后发兵侵宋，杨家将奉旨抗辽，不料由于潘仁

僧人

美陷害，杨家将大败，杨五郎突围到一片树林中，但仍四面楚歌。此时，他猛然想起睿谏法师送给他的那个黄绸包袱，打开一看，见里面放着一把剃刀、一张度牒、一项僧帽、一套袈裟。杨五郎回想起奸臣当道，陷害忠良，不由得心灰意冷，遂卸下战袍、头盔，自剃须发，穿上僧装，骗过层层敌兵，离应州，过代州，一路来到五台山，拜睿谏法师为师，从此远离俗世，不入红尘。

《杨家将》

《杨家将》是一部英雄传奇系列故事，以演义、话本、戏剧等形式在中国民间广为流传。它对北宋前期的一些人物和事件加以演义，讲述了杨家四代人戍守北疆、精忠报国的动人事迹。

四面楚歌

四面楚歌比喻陷入四面受敌，到达孤立无援的窘迫境地。楚汉相争时期，汉王刘邦大军把项羽围在垓下，用楚人歌声迷惑项羽，项羽以为汉军已经攻占楚地，悲壮自刎身亡。

度牒

度牒是国家发给依法得到公度僧尼的证明文件。古代僧尼持有度牒，不但有了明确的身份，可以得到政府的保障，同时还可以免除地税徭役。

杨五郎出家的传说

大白塔上的铜铃

从前，在大白塔西北方向，有个新坊村，村里有一户人家，家里只有母子俩相依为命，母亲郭大娘已经70多岁了，儿子小名叫虎子。虎子勤劳朴实，善良孝顺，是个干净利落的好小伙子，只可惜家里实在太穷，只有半间草房，半间灶屋，三十出头了却一直娶不上媳妇。

就在这一天，家里来了一位上年纪的白胡子老头，身背褡裢，手拿一只铜铃。据他自己介绍，他是个翻砂匠，帮阁院（今塔院寺）重修大白塔，没有地方住。郭大娘见老翻砂匠也是个出门在外的可怜人，就说："家里你也看见啦，就这半间灶屋还能住人，你要不嫌弃，就住在这。"老翻砂匠也不客气，就住了下来，这一住就住到了大白塔修成的时候。老翻砂匠告别了郭大娘，却留下了手里的铜铃，说这个能帮虎子娶上媳妇。果然，他走后第三天，阁院就有人来到了郭大娘家，出高价购买那个铜铃。

原来，铜铃本是大白塔上252个铜铃中的一个，老翻砂匠则是文殊菩萨的化身，菩萨用这种方式考验并帮助了郭大娘一家。

褡裢

褡裢是昔日我国民间长期使用的一种布口袋，通常用很结实的家机布制成，长方形，中间开口。过去的商人或账房先生外出时，总是将它搭在肩上，空出两手方便行动。

五台山白塔

翻砂匠

翻砂指用黏土黏结砂做造型材料生产铸件，是一种历史悠久的传统工艺。我国古代精通这种工艺的人，就叫做翻砂匠。

大白塔

大白塔位于塔院寺内，宝塔通体洁白，塔身状如藻瓶，塔顶由8块铜板拼成圆盘形状，圆盘边缘吊着铜质垂檐，每个垂檐下挂有3个铜铃，连同塔腰风铃在内，共有252个。

大白塔上的铜铃

"大孚灵鹫寺" 传说

显通寺文殊殿

佛教中有这样一个传说，公元前486年，释迦牟尼佛圆寂后，其尸骨一共炼出了84 000颗舍利子。古印度阿育王铸造了84 000座黄金塔安置它们，并将这些舍利塔遍布大千世界。其中有一座就落在了五台山上，当地人称它为"慈寿塔"。

东汉永平十一年（68年），两位印度高僧摄摩腾和竺法兰来到五台山，走到营坊村的时候，发现这里的山势居然和释迦牟尼佛讲经说法的印度灵鹫峰极为相似，细一察看，居然又发现了藏有佛祖舍利的"慈寿塔"，再加上五台山又是文殊菩萨演教和居住的地方，故二人决定上奏皇帝，在此地建寺。寺院落成后，因为山势貌似灵鹫峰，寺院就取名为灵鹫寺。汉明帝刘庄为了表示信佛，又在前面加上"大

孚"（弘信的意思）二字，因此寺院落成后的全名是大孚灵鹫寺。后来经过历史变迁，大孚灵鹫寺变成了如今的显通寺，慈寿塔就是如今的大白塔。然而从那时候起，五台山就成为了全国佛教的中心，大孚灵鹫寺也是中国最早修建的寺庙之一。

阿育王

阿育王（约前304—前232）是印度孔雀王朝的第三代君主，为印度历史上最伟大的一位君王。阿育王是一位佛教徒，后来还成为了佛教的护法。

佛教传入中国

东汉永平十年（67年）12月，汉明帝派往西域求法的使者同两位印度高僧摄摩腾和竺法兰以白马负经来到洛阳，是佛教从此正式传入中国的说法之一。

汉明帝

汉明帝（28—75），姓刘，名庄，字子丽，东汉第二任皇帝，在位19年。在位时吏治清明，境内安定，汉明帝统治时期与后来的章帝统治时期合称"明章之治"。

香蘑姑娘

五
台
山

    传说在很久以前，南台锦绣峰下有一个小村庄，村里有一个名叫香姑的姑娘。香姑聪慧漂亮，心灵手巧，每天都会到山上采蘑菇贴补家用。她采的蘑菇总是又香又多又好，慢慢地，附近村子的人也都知道了她的名字。

    有一天，香姑像往常一样上山采蘑菇，却被附近一座山上的一个山大王发现了。大王见她长得漂亮，就想动手把她抢走。香姑非常机灵地躲开了大王和他的手下，一口气跑上了锦绣峰峰顶。不料大王不肯善罢甘休，让手下把峰顶团团围住，一连围了几天几夜，却始终不见香姑下来，只记得香姑爬上山顶的时候，突然下起

五台山风景

了一阵晴天雨。后来据当时同在山上的村民们说，他们亲眼看见香姑飞上了天空，化作了一阵毛毛细雨，消失在蓝天里了。

后来，下过毛毛雨的地方纷纷长出了一种以前从没见过的蘑菇。这种蘑菇闻起来清香扑鼻，于是人们就把它叫做香菇。人们都说，五台山的香菇都是香姑化作的香雨变成的。这就是香蘑姑娘的传说。

晴天雨

晴天雨也叫太阳雨，是指太阳和降雨同时出现的一种自然现象，古人因不了解成因而给这种现象赋予了许多神秘的含义，近代科学已经为这种现象做出了完美的解释。

香菇

香菇是世界第二大食用菌，也是我国特产之一，在民间素有"山珍"之称。它是一种生长在木材上的真菌，味道鲜美，香气沁人，营养丰富，素有"植物皇后"之美誉。

神话传说

神话传说是一个民族和国家宝贵的精神财富，是研究人类早期社会的婚姻家庭制度、原始宗教、风俗习惯等重要的文献资料。

香蘑姑娘

佛教文化

五台山灵应寺

　　五台山与四川的峨眉山、浙江的普陀山、安徽的九华山并称中国四大佛教名山，是中国佛教的发源地之一。

　　五台山佛教是东汉时期由印度僧人摄摩腾、竺法兰传入，在南北朝时期就已经形成了独立的佛教宗派，在唐代达到了鼎盛。元、清时期藏传佛教在五台山兴起，汉、藏及其他各族僧众和谐相处，形成了今日青庙、黄庙共处一山的景象。漫长的发展过程使五台山有了十分深厚的文化积淀和文化底蕴，形成自身绵延不绝的文化气脉与兼容并蓄的文化生态。

　　五台山地区有数以万计的藏经典籍，有帝王御制的匾额经幢、佛像雕塑、佛寺壁画、碑刻石雕、楹联诗文等，这些珍贵的文

物是五台山佛教文化的历史见证。此外，五台山的佛教音乐由原有的印度梵乐佛曲，汲取中国唐宋曲牌、元代杂剧散曲以及民歌、民间器乐等音乐元素发展而成，自成一脉，别具一格。

盛大的佛事活动也是五台山佛教文化的重要组成部分。五台山地区的寺庙一年内大约有15次节日法会，比较著名的有六月大法会。

楹联

楹联即对联，又称对子，是写在纸、布上或刻在竹子、木头、柱子上的对偶语句。其言简意深，对仗工整，平仄协调，是一字一音的中文语言独特的艺术形式。楹联是中华民族的文化瑰宝。

梵乐

梵乐指佛教音乐，起源于印度，包括佛曲呗赞等。中国的梵乐是模仿印度曲调，用汉语来歌唱的。随着历史的变迁，梵乐中渗入了很多的中国音乐元素，形成了中国梵乐的独特风格。

曲牌

曲牌是传统填词制谱用的曲调调名的统称。古代词曲创作，原是"选词配乐"，后来逐渐将其中动听的曲调筛选保留，依照原词及曲调的格律填制新词，多沿用原曲名称。

佛教文化

跳　布　扎

　　"跳布扎"是五台山藏传佛教每年举行的重大佛事活动之一，起源于西藏，全称"金刚驱魔神舞"，藏语称为"羌姆"，蒙语称为"布扎克"。它是以西藏土风舞为基调，吸取印度瑜伽及面具舞的某种形式而形成的，为藏传佛教的一种宗教舞蹈。传说这种舞蹈最初的意义是藏传佛教喇嘛利用宗教的乐舞向异教人示威，或以此提高防备异教徒入侵。

　　五台山地区的"跳布扎"活动在每年的农历六月十四举行。在活动前一天，寺内喇嘛就开始念护法经，跳金刚舞，在菩萨顶"镇鬼"；六月十五，百余名有身份的喇嘛走出菩萨顶，穿街绕巷，最前边架着弥勒菩萨像，其后大喇嘛坐轿，二喇嘛骑马，其余僧众吹奏庙堂音乐，浩浩荡荡地前往罗睺寺去"跳神"；六月十六，又在菩萨顶"斩鬼"，大喇嘛、二喇嘛穿戴御赐服饰，外列僧人头戴面具装扮二十八星宿，就地画圆，按圆行步，并辅以身形手势。通过此活动以驱除邪恶，迎来吉祥安泰。

土风舞

　　土风舞指自然形成的，受地理、地形、气候、生活习惯、风俗民情、历史背景等影响的，为地区人民深爱的，与地区民族传统文化有密切关联的，有自己特点与独特舞姿的舞蹈。

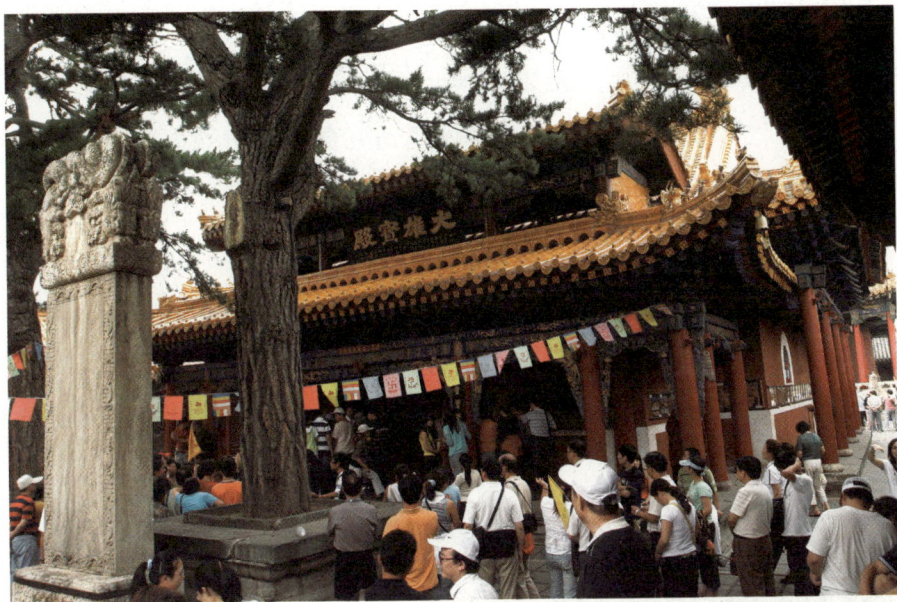

菩萨顶朝拜的人们

宗教舞蹈

宗教舞蹈是宗教艺术中一种重要的形式，是与求雨、抗旱、驱鬼、除疫、迎神、送神等各种人类精神生命需求紧密配合的舞蹈。它以舞蹈的语言，诠释人与神之间的关系。

二十八星宿

二十八星宿是古人为观测日、月、五星运行而划分的28个星区，用来说明日、月、五星运行所到的位置，是中国传统文化中的主题之一。每宿包含若干颗恒星。

跳布扎

骡马大会

五台山六月骡马大会，又叫做六月庙会，历史十分悠久。据说起源于隋唐时期的古庙会，到明朝万历年间，因五台山地区牧草丰盛，气候宜人，就有附近的牧民到五台山"寄坡"，一面逛庙会，一面还可进行牲畜交易。到了清代，乾隆皇帝崇信佛法，规定五台山地区举行一年一度的六月法会，后来便逐渐形成了集宗教活动、畜牧交流为一体的僧俗活动并重的集合日。

每逢大会召开之日，四面八方的游客、商人、牧民蜂拥而至，热闹非凡。交易场里熙熙攘攘，卖主热情招徕、待价而沽，买主货比三家、精挑细选，又有牙纪伶牙俐齿，斡旋于二者之间，在

庙会祈福

衣袖里用传统的捏手指法暗示价目。再加上随之而兴起的商贸市场以及各式各样、丰富多彩的文艺节目，好一派繁荣昌盛、蒸蒸日上的景象。

近年来，五台山骡马大会与五台县豆村历史悠久的七月骡马大会合并于豆村举办，通称为"五台山骡马大会"，并一直延续至今。

寄坡

每年春耕后到白露前后，五台山地区的老百姓把牲口集中交给牧民上山放养，由于山上地势空旷，又很少有猛兽侵犯，所以牧民们只要稍加管理就可以了，这种放养方式就叫做"寄坡"。

豆村骡马大会

在以前的每年七八月份，五台山骡马大会在台山景区清水河、豆村镇、石咀几个地方此起彼落，其中会期最长的是豆村的骡马大会，达一个月之久。

牙纪

牙纪是牙商与经纪的合称，指中国旧时城乡市场中为买卖双方说合交易，成功后抽收佣金的居间商人，最早起源于汉朝。

骡马大会

97

五台山佛教文化节

五台山佛教文化节创始于2004年，是以"政府主导、社会参与、文化展示、市场运作"为指导思想，以鲜明的佛教文化艺术为主题，以丰富多彩的佛教文化活动和艺术展出为内容，以五台山地区的丰富旅游资源为载体，举行的每年一次，每次为期一个月的盛大活动。目的在于通过一系列旅游文化与宗教文化相结合的活动，使五台山地区的佛教文化和旅游产业得到更好的发展，同时借此加强国际佛教文化艺术交流与合作。

第一届五台山佛教文化节开始于2004年8月16日，结束于9月16日，内容包括佛教艺术长廊、国际佛教文化与艺术论坛、佛学讲坛活动、佛教文艺活动、祈福中国法会等六大板块活动，节日期间近40万国内外游客参加了盛会，旅游收入达1.57亿元。以后的各届文化节均以第一届为蓝本，在具体内容和细节上做出了许多创新和修改。不断发展和完善的五台山佛教文化节，已经成为了五台山佛教文化不可缺少的一部分。

祈福法会

祈福法会是一种佛教仪式，又叫做法事、佛事、斋会，是为讲说佛法及供佛施僧等所举行的集会。此类集会自古盛行，种类名目也非常多，本文的祈福中国法会也是其中一种。

佛事活动

宗教文化

　　宗教是人类社会发展进程中特殊的文化现象，是一种以信仰为核心的文化，是人类传统文化的重要组成部分。它影响人们的思想意识、生活习俗等方面。

蓝本

　　明清时期，书籍在雕版初成以后，刊刻人一般先用红色或蓝色印刷若干部，以供校订改正之用，因此就有"初印蓝本"之称。后引申为著作所根据的底本。

盂兰盆会

佛家仪式

　　盂兰盆会源于佛祖弟子大目犍连尊者救母的佛教传说，自南朝梁大同四年（538年）开始流行于中国，经过多年演变，形成了放焰火、施饿鬼食、在河中放莲花灯为主的民间习俗，意在为已故亲人超度，希望他们早些往生极乐世界，以及为家人祈福身体健康、万事吉祥、消灾免难。

　　盂兰盆会一般都是在农历七月十五中元节这天举行。标准的佛家仪式由净坛绕经、上兰盆供、众僧受食三部分组成，但由于这套仪式过于复杂，故此一般民间以荐亡度鬼为主要目的的一套盆供仪式更为流行。这套仪式预先设立三坛，在七月十五日由六位僧人

组成的行法小组举行仪式。首先要"演净"，其次行"引魂"仪式，最后由主办盂兰盆会的功德主在法会的"榜文"上用朱笔一点，表示开坛完毕。开坛后的仪式是拜忏，大多依照《慈悲水忏》的礼仪程序进行。普施仪式在晚上举行，主要是施放焰口。焰口结束后，要放河灯、烧法船、烧灵房，在一片火光闪烁中，法会圆满结束。

大目犍连尊者救母

大目犍连尊者以神通看到自己的母亲堕落恶鬼道，受极大苦，他很难过，却又没有办法，只好求佛祖帮忙。佛祖教他举行盂兰盆会以帮助母亲忏悔赎罪。

演净

演净即面向佛坛念诵《大悲咒》、《十小咒》以及《心经》等，再念写在黄纸上的文疏，祈求佛祖菩萨慈悲下界指导。

引魂

读诵在黄纸上写好的疏文，据说目的是招引鬼魂入坛，读诵疏文后，念诵《心经》、《往生咒》、《三真言》，引魂仪式完成。

地藏菩萨圣诞法会

地藏菩萨，又名地藏王菩萨，由于此菩萨"安忍不动如大地，静虑深密如秘藏"，所以称为地藏。地藏菩萨与观音菩萨、文殊菩萨、普贤菩萨统称为佛教四大菩萨，其道场在安徽省池州市九华山。每年的农历七月三十是地藏菩萨圣诞日，全国各地的佛教寺庙都会举行法会庆典，称为"地藏菩萨圣诞法会"。

地藏菩萨圣诞法会一般分为以下几步：寺院僧众于供奉地藏菩萨的殿内集合，第一步香赞，即向菩萨进香并称颂"南无香云盖菩萨摩诃萨"三次；第二步称圣号，称颂"南无大愿地藏王菩萨"三次；第三步，诵读大忏悔文一遍；第四步，诵地藏赞偈；第五步拜愿，分别拜南无本师释迦牟尼佛、南无阿弥陀佛、南无观世音菩萨三拜，再拜南无地藏王菩萨十二拜，最后拜南无忉利会上佛菩萨三拜；第六步三皈依。六步完成后礼毕。

因为各地的风俗、实际情况不同，地藏菩萨圣诞法会的形式也各不相同，除了以上的方式外，也有的寺庙以"佛七"的形式来进行地藏菩萨圣诞日的庆典。

地藏赞偈

偈颂，即佛经中的唱颂词，每句三字、四字、五字、六字、七字以至多字不等，通常以四句为一偈，又称"偈子"。地藏赞偈，即赞颂地藏菩萨的偈子。

地藏菩萨坐像

三皈依

　　佛教三皈依也做皈依三宝：一皈依佛，二皈依法，三皈依僧。它是一种"除佛外，无究竟导师；除法外，无真实道路；除僧伽外，无他伴可同行"法道的认知。

佛七

　　佛七是指用连续七天修行来精进念佛，据说源自《阿弥陀经》。之所以定为"七天"的时间，是因为从古至今，无论东西方都以七天为宇宙运行之一循环。

地藏菩萨圣诞法会

五台山民间社火

　　社火是源自于古代人们对土地与火的崇拜，由祭祀土地神与火神的仪式演变而来的，是春节期间民间自发的自演自娱的活动。社，即土地之神；火，即火神。随着社会的发展，社火如今已经成为一种规模盛大、内容丰富的民间娱乐活动。

　　社火按其形式可分为锣鼓类、秧歌类、车船轿类、阁跷类、灯火类、模拟禽兽类、模拟鬼神类、武技类等。锣鼓类节奏强烈明快，场面壮阔粗犷；秧歌类大体分为侧重歌唱的文场秧歌以及以舞为主的武场秧歌两类；车船轿类是以精湛的表演技巧加上服装装饰模拟各类民间交通工具的表演，比较有代表性的节目有跑旱船等；

山西锣鼓表演

灯火类以璀璨的灯火配以舞蹈等表演动作，以斗龙灯、牌楼架火为代表节目；模拟禽兽类和模拟鬼神类表现了远古时期人类与自然界凶禽猛兽的斗争，以及人类对邪魔鬼怪的迷信与敬畏；武技类有九节鞭、鞭杆拳、剑舞、刀舞、穿心杠、跳火笼、霸王鞭等。

跑旱船

跑旱船是以道具船模拟江南水乡篷船，表演者将船用绊带搭于颈项，船帮与腰齐平，露出上身和置放盘坐的假女腿脚连成一体，宛如女子盘腿乘船状，做出各种模仿动作表演。

斗龙灯

斗龙灯表演形式为以珠斗龙，艺人操纵木棍舞弄龙头、龙身，龙头随彩珠的舞姿带动龙身，连成一体，龙体灯光精彩夺目，腾空飞舞，加之锣鼓乐"龙灯鼓"伴奏，场面雄伟异常。

牌楼架火

牌楼架火是民间传统焰火，是仿照古时牌楼样式而制成的，象征吉祥如意。牌楼架火以炮为主，造型别致，火焰层层向上，象征生活蒸蒸日上，最后上至高潮。

五台山婚丧习俗

　　五台旧时的嫁娶过程一般有五个环节，即纳彩、问聘、送期、嫁娶、于归，但由于时代的进步，现在的人们已经不完全遵循这一完整套路，但有很多传统风俗依然存在。年轻人们自由恋爱，纳彩的环节已经被省略掉了，问聘变成了"会亲"，即婚前男方邀女方赴宴，并与男方亲戚相见，不过男方向女方送订婚礼的"送期"依然存在。嫁娶过程中的民俗也仍有留存：结婚时女方送嫁妆的人，多为新娘的弟弟，男方要给红包，称之为"背皮箱"。女方家择一亲近的孩子给新郎插金花，男方给红包，称之为"插花"。结婚当天，用一个盖了红布放着干果和钱币的容器让新娘抓，叫做"抓富贵"。另外还有"弄媳妇儿"（即闹洞房）等风俗。

　　相比而言，丧葬习俗变化不大，现在仍有这样几个过程：入殓、报丧、送行、发引、过七、过百日、过周年、过三周年等。为彰显子女孝行，还有"闭重孝"的说法。另外，五台山地区的婚宴称为红侍宴，丧宴称为白侍宴。

送行

　　送行是出殡前晚，送鬼魂至五道庙的仪式（类似告别仪式）。送出去的时候，一路哭声，回来的时候，任何人都不能说话，更不能叫人的名字。

五台山一景

发引

发引即出殡。首先要摆好供桌，奏哀乐，然后由闺女家开始，按亲疏进行祭奠。侍宴结束后，开始起灵送殡，乐队先行，孝子牵棺，直到墓地。

闭重孝

孝子在100天内不理发，不刮胡子，不洗衣服，不参加较大的喜庆活动，并且亲人离世第一年不贴对联，三年内不贴红对联，这些做法叫做闭重孝。

五台山万卷酥

五台山远景

　　万卷酥是五台山地区的一种传统糕点，历史悠久，远近闻名。这种糕点外观呈黄白色，形状看起来像一块木条，仔细看是一层层卷起来的面饼，因为层数极多，口感酥脆，因此得名"万卷酥"。

　　万卷酥以上等面粉、纯净的胡麻油为主要原料，制作时将面反复擀压，直至形成薄如纸的面片，然后卷合，每卷一次上一层油，一般一斤面就要用油三两，最后上烤炉烤制。烤好的万卷酥口感酥脆，香味扑鼻，加之油大、水少便于存放，不易变质，一直以来都是五台山地区人们待客探亲的上等食品。

万卷酥在清代乾隆年间扬名天下。传说有一天，酷爱微服私访的乾隆皇帝又一次扮作一个独行客商，游览五台山，不料沉醉于景色以至忘了时间，无奈之下只好借宿于一户农家。农家有一老人以万卷酥招待乾隆这位远来的"客商"，乾隆吃后赞不绝口。老人见客人爱吃，毫不藏私，又将配方赠予乾隆。后来乾隆回京，命御厨按配方制作，又宴请百官，万卷酥之名于是传遍天下。

胡麻油

　　胡麻油在民间称谓极多，有汪油、潞油和麻油等。胡麻是我国五大油料作物之一，俗称芝麻。胡麻油也称芝麻油，它是从胡科植物芝麻种子里榨取的油。

万卷酥的原料及制作工序

　　万卷酥的原料有面粉、酵面、麻油、碱、精盐。制作工序分为以下四步：第一步，制面皮；第二步，制擦酥；第三步，包酥；第四步，烤制。

御厨

　　御厨一是指封建社会给皇帝做饭的地方；二是指在古代专门给皇帝做饭的人；现在则是指专为国家的元首、王室、高层领导人或者国家礼宾部门服务的厨师。

砍 三 刀

砍三刀，又名油布袋，是五台山人春节期间的主要食品之一。砍三刀流传至今已有300多年历史。由于在封建社会时期，五台山地区的农民生活贫困，常年以玉米为食，于是勤劳智慧的五台山人在以玉米为主原料的前提下，创造了这种口味香甜、粗粮细做的小吃。之所以名为砍三刀，是因为在炸制时要使麻油浸入其中，必须在上面砍上三刀；又因为吃起来油香四溢，所以又叫做"油布袋"。

砍三刀看上去色泽金红，吃起来柔韧香甜，这和它的制作过程是分不开的。现在的砍三刀为了改善口感，在原来的基础上加入了黄米面。首先将四份玉米面粉兑一份黄米面粉，加水和成软面团，发酵后对好碱，再分别加入红糖、精盐揉匀。面团揉搓成细长条，然后切成面段，在面段上切三个均匀的刀印。最后，将切好的面段放入热油锅内，炸成金红色捞出来就可以储藏了。想吃的时候，只需要上笼蒸20分钟，就能品尝到这道柔韧香甜的五台山特产了。

春节

春节，即过年。传统意义上的春节是指从腊月初八的腊祭或腊月二十三的祭灶一直到正月十五。在春节期间，人们会举行以祭祀神佛、除旧布新、祈求丰年为主要内容的各种活动。

五台山秋景

封建社会

　　封建社会是我国历史上的一个时期，在这个时期，地主阶级通过掌握土地资源来剥削农民，农民长期处于受剥削、受压迫的地位，生活十分困苦。

粗粮

　　粗粮是相对我们平时吃的精米白面等细粮而言的，主要包括谷类中的玉米、小米、紫米、高粱、燕麦、荞麦、麦麸以及各种干豆类，如黄豆、青豆、赤豆、绿豆等。

砍三刀

黑曜石矿山

黑曜石又名"十胜石"，为一种常见的黑色中低档宝石，是由火山熔岩迅速地冷却凝结而产生的自然琉璃。黑曜石通常呈黑色，但是也可见棕色、灰色和少量的红色、蓝色甚至绿色的。经勘探考察，五台山地区有大量未经开发的黑曜石矿藏。

在历史上，黑曜石的用途十分广泛，因其具有玻璃的特性，故而常被用来制作面具、镜子和珠宝，又因为敲碎后的断面十分锋利，也可用来制作工具、武器等。现代黑曜石最广泛的用途是加工成工艺品佩戴或收藏。传说佩戴黑曜石饰品有辟邪、祛病、消除负面能量等效果，但都未经科学验证。

黑曜石被印第安人称为"阿帕契之泪"和"不再哭泣的宝石"。传说印第安阿帕契部落有一支部队中了敌人的埋伏而全军覆没，噩耗传来，家人们痛哭的眼

五台山

泪洒落到地上，就变成了一颗颗黑色的小石头。谁拥有这样一块黑色的曜石，便永远不用再哭泣，因为，阿帕契的少女已经替你流干了眼泪。墨西哥的国石即为黑曜石。

琉璃

琉璃是指用各种颜色的人造水晶为原料，采用古代青铜脱蜡铸造法高温脱蜡而成的水晶制品，外观晶莹别透、光彩夺目。

黑曜石的种类

黑曜石的分类方法一般有两种，一种是按成因分类，分为月眼黑曜石和乌金黑曜石；另外一种是按颜色分类，其中以紫色黑曜石和绿色黑曜石最为常见，金色黑曜石最为稀有。

印第安人

印第安人是对除爱斯基摩人外的所有美洲原住民的总称。美洲土著居民中的绝大多数为印第安人，分布于南北美洲各国，传统将其划归蒙古人种美洲支系。

黑曜石矿山

台　蘑

　　五台山宜人的气候、优良的生态环境，造就了远近闻名的五台山特产——台蘑。台蘑又名"天花菜"，其肉质细嫩，肉体肥实，油性大，香味浓，营养价值极高，从唐宋时就被选作宫廷菜，在民间更是有"一家喝其汤，十家闻其香"的说法。

　　台蘑主要分为两个不同品种，一种名为香蕈，因其香味浓郁而得名；另一种名为银盘，因其形状独特，看起来像一个银白色的盘子而得名。台蘑味道鲜美，营养价值极高，而且有一定的医疗功效，如增加抵抗力，降低胆固醇，防止动脉硬化、肾脏病、胆结石、糖尿病、肝硬化等疾病，长期食用还可以延年益寿。

　　传说很久以前，东海龙王的女儿白灵公主随文殊菩萨来到五台山，她普降甘露，遍撒物种，造福了五台山的千万生灵。但是东

植被繁茂的五台山

海龙王听到这个消息后大发雷霆，派火神来毁灭五台山。公主为了保护五台山，化作了滔滔甘露，洒遍五台山。从此，甘露洒到的地方就开始出产美味的台蘑了。

天花菜

天花菜作为台蘑的别称由来已久，元代吴瑞《日用本草》中有这样的记述："天花菜出自山西五台山，形如松花而大，香气如蕈，白色，食之甚美。"

宫廷菜

中国历代宫廷中都设有专司饮食的机构和人员，他们做出的供帝王及后妃等皇室成员们享用的菜肴，统称为宫廷菜。

台蘑的生长特点

台蘑大多有规则地生长在草丛的圈道上，从根部到顶部呈乳白色。明圈分布在草丛长得茂盛的地方，暗圈隐藏分布在草丛中，须凭采集经验分辨寻找。

台蘑

台 党 参

五台山冬景

　　党参是原产于山西上党盆地的一种药用价值极高的植物，外形与人参类似，但分枝较少，有特殊香气，味道微甜。产于五台山地区的党参，被称为台党参。台党参是党参中的上品。

　　党参多生于山地灌木丛中以及森林边缘，五台山地区山多坡广，气候清凉，黑红色的砂坡地多，土壤中含有丰富的腐殖质，因此五台山地区的党参不仅质量好，而且产量很高。不过光靠采集野生的党参远远不能满足人们的需要，现在五台山人民凭借着得天独厚的条件，早已开始广泛地人工种植台党参了。

　　党参具有补中益气、健脾益肺、生津止渴的功效，能治脾虚、肺虚、气短心悸，并可镇咳祛痰、健胃、利尿，是一味用途广泛的传统中药。

关于党参，还有一个类似"田螺姑娘"的传说故事。古时候有一个贫苦的小伙子，叫做张郎，他的母亲得了重病，却被黑心的药铺用假的党参坑害。张郎无奈之下只好自己上山挖参，他的孝心感动了党参化成的姑娘，姑娘不仅帮他治好了母亲，还以身相许，一家人过上了幸福美满的生活。

灌木

灌木是指那些没有明显的主干、呈丛生状态的树木，植株一般比较矮小，不会超过6米，从近地面的地方就开始丛生出横生的枝干，都是多年生植物。

腐殖质

已死的生物体在土壤中经微生物分解而形成的有机物质即腐殖质。其呈黑褐色，含有植物生长发育所需要的一些元素，能改善土壤，增加肥力。

田螺姑娘

田螺姑娘是福州民间传说人物，故事是讲天帝知道谢端从小父母双亡，孤苦伶仃，很同情他，又见他克勤克俭，安分守己，所以派神女田螺姑娘下凡帮助他。

台党参

同 川 梨

同川梨，顾名思义，即产于同川地区的梨。同川即同河流域，曾名铜川、桐川，现山西省原平市西北部。

同川梨个头大、皮薄、水分大、梨核小，香味醇厚，外形美观，果面黄绿，向阳面有时带红晕，果肉呈白色，味甜而微酸。由于果面有层极厚的蜡质，好像一层油，故又被称之为油梨。同川梨历史悠久，有古诗为证："十里香风吹不断，万株晴雪绽梨花。"另外传说同川地区现在还有一株老梨树为唐代所栽，每年产梨仍然有100多千克。同川梨在古时就被列为贡品，并有"金瓜"的美称。

五台山风光

同川梨是个总称，主要有黄梨、夏梨、油梨三个品种。黄梨又分为细黄梨与笨黄梨两种。细黄梨圆而小；笨黄梨圆而大，最大的一个梨有一斤多重。夏梨以酥脆为主要特点，抓住梨柄用力一拉，果核甚至能够脱出。油梨气味香烈，在室内放置一个，整个屋子都会充满清香。

同川梨用途广泛，可用于酿造梨酒、梨醋、梨汁、梨膏、梨脯、梨丝、梨干和梨罐头，入药有润肺、消淤、化痰等效果。

蜡质

在广义上，蜡通常是指植物、动物或者矿物等所产生的，某种常温下为固体、加热后容易液化或者气化，容易燃烧，不溶于水，具有一定的润滑作用的物质。

贡品

贡品是专制社会中专门供给统治阶层享用的物资，通常由全国各地选出同类物资之最上品，通过特殊的生产、采购、加工、运输渠道送抵首都，以保障品质，交由最高统治者支配。

梨花会

农历四月是同川梨花盛开的季节，因此每年的农历四月初六，同川地区都会举办以踏青赏花为主题的"梨花会"，这个传统的起源甚至要追溯到北魏时期。

同川梨

五台山核桃

核桃别名胡桃、羌桃，属于坚果类，与扁桃、腰果、榛子并称为世界著名的"四大干果"。核桃既可以生食、炒食，也可以配制糕点、糖果等，还可以榨油、入药，或做成文玩核桃，用途广泛，营养丰富，有"万岁子"、"长寿果"的美称。核桃在五台山地区出产丰富，是当地有名的土特产之一。

据测定，每100克核桃中，含脂肪50～64克，优质蛋白15～20克，糖类10克，以及其他多种营养元素，因此具有丰富的营养价值，特别是健脑的效果非常显著。

同时，核桃也有着很高的药用价值，在我国传统中医学里应用广泛。中医学认为核桃性温、味甘、无毒，有健胃、补血、润肺、养神等功效。《神农本草经》将核桃列为久服轻身益气、延年益寿的上品。现代医学认为，核桃油含有不饱和脂肪酸，有防治动脉硬化的功效。核桃仁中含有的锌、锰可延缓人体衰老，铬有促进葡萄糖利用、胆固醇代谢和保护心血管的功能。此外，核桃仁的镇咳平喘作用也十分明显。

文玩核桃

文玩核桃是对核桃进行特型、特色的选择和加工后形成的有收藏价值的核桃，常用于在手中把玩。五台山核桃个头大，外形饱满，纹理深刻清晰，是文玩核桃的理想选材。

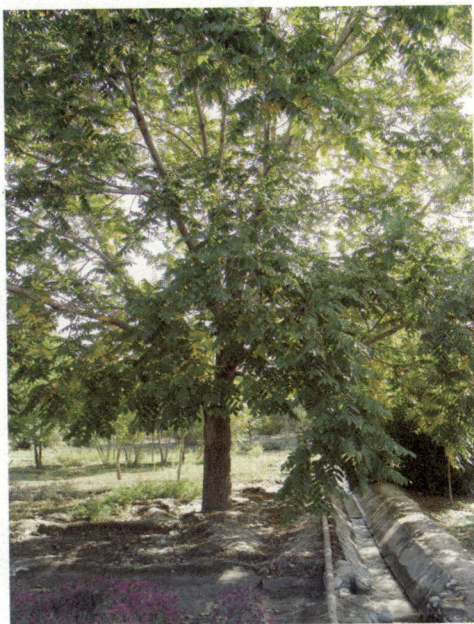

核桃树

《神农本草经》

《神农本草经》简称《本草经》或《本经》，是中国现存最早的药物学专著，成书于东汉，是秦汉时期众多医学家总结、搜集、整理当时药物学经验成果的专著。

挑选核桃的小技巧

核桃的挑选方法应以观察果仁为主。果仁丰满为上，干瘪为次；仁衣色泽以黄白为上，暗黄为次，褐黄更次，带深褐斑纹的"虎皮核桃"质量也不好。仁衣泛油则是变质的表现。

五台山核桃

121

五台山石砚

　　在忻州定襄县河边镇东面，有一座文山，是五台山石砚的原材料主产地。五台山石砚风格古朴优雅，造型美观大方，文化底蕴深厚，起始于明代初期，虽然迄今已有600多年的历史，但中国"文房四宝"的历史源远流长，所以五台山石砚在中国名砚中只能算是后起之秀。

　　五台山石砚有黑、绿、红、紫四种颜色，其中黑色、绿色最多。砚上有天然石纹，质地细密硬朗，触手细腻冰凉。石砚造型与图饰多取材于历史人文传说、山水名胜风景和自然动植物形象，形象生动，底蕴丰富。五台山石砚使用起来发墨快，墨汁不易干，是

山西五台山

文人雅士挥毫泼墨的上乘之选，丝毫不亚于中国"四大名砚"。

石砚制作过程共有六道工序，分别是采石、设计、成形、雕刻、打磨抛光、加温上蜡。虽然看起来并不复杂，但仅雕刻工具就有锤、錾、铲、刀、尺、圆规等多种，其中刀更是细分有宽、窄、圆、平、尖等几十种。一方精美的石砚，体现了石砚匠人独特奇妙的艺术构思、巧夺天工的雕刻技巧，更饱含着石砚匠人辛勤的汗水。

文房四宝

文房四宝指的是中国独有的文书工具，即笔、墨、纸、砚。因为中国古代文人在书房写字作画都离不开笔墨纸砚，因此这四件东西被称为"文房四宝"。

挥毫泼墨

挥毫指运笔，过去的毛笔都是由狼毫或羊毫所制，故挥毫为运笔；泼墨是中国画的一种技法。挥毫泼墨指作画，同时也用于书法艺术，指男子书写或绘画动作的潇洒豪迈。

四大名砚

四大名砚分别是广东肇庆的端砚、安徽歙县的歙砚、山西绛县的澄泥砚、甘肃临潭的洮河砚。它们是我国传统的四大优质名砚。

五台山石砚

五台山与历代帝王

　　五台山是中国佛教四大名山中最受皇帝青睐的名山，历代帝王或纡尊亲临，或题词赐宝，或下旨建寺，造就了今日香火鼎盛、佛教文化繁荣发展的五台山圣地。

　　历史上第一个到五台山巡幸的皇帝是北魏孝文帝。孝文帝曾登临西台，并下旨在驴夷县（今五台县）建造了佛光寺。隋唐时期，隋文帝下旨在五台山五座台顶各建寺庙一座。唐代从太宗到德宗，"凡九帝莫不倾仰灵山"，一句话道出了五台山在唐代帝王心目中的地位。宋代时，宋太宗敕建太平兴国寺，并重修五台十寺。宋真宗曾敕建五台真容院。元朝历代皇帝都崇信佛教，多位皇帝均有下旨在五台山地区建寺，元成宗更是于元贞二年（1296年）至五台山瞻礼文殊。明朝太祖朱元璋出身佛门，明成祖亲临五台山，明英宗、武帝、神宗等多位皇帝都对五台山寺庙赐宝、修葺。清朝历代帝王大多特别崇奉藏传佛教。传说顺治帝逃脱帝位，出家于五台山，康熙皇帝五次巡幸五台山，乾隆皇帝也曾巡幸五台山六次，雍正、嘉庆也来过五台山。

巡幸

　　巡幸指旧时帝王巡视各地。古时候的皇帝在皇宫里呆久了，就会出皇宫到外面散心，有的时候是光明正大地出去，有的时候是微服私访，但无论是哪一种都叫做巡幸。

五台山风景

朱元璋出身佛门

明太祖朱元璋出身贫苦，元至正四年（1344年）因为父母及兄长去世，朱元璋到皇觉寺拜释高彬长老为师，落发入了佛门。至正十三年（1352年），朱元璋还俗从戎并最终建立了大明王朝。

康熙五次朝台

清朝的康熙皇帝曾五次到五台山朝拜，敕赐梵文藏经两部、匾额55块，作诗15首、碑文20余道，修葺寺院20余座，做各种道场8次。

文学作品中的五台山

　　五台山作为一座历史悠久的佛教名山，自然吸引了无数的文人墨客前来，他们的目的或是慕名朝拜，或是隐居修身，但却无一例外地将五台山写入了他们的作品中。时至今日，这些作品多数都已经湮灭在历史长河之中，我们也只能在流传下来的只言片语中寻找古人们关于五台山的痕迹。

　　"晴空浮五髻，晻霭卿云间。"这是北宋大文豪苏轼在《送张天觉得山字》诗中对五台山壮丽景色的描写。"戒得长天秋月明，心如世上青莲色。"这是诗仙李白赠给在五台山修行僧人的《僧伽歌》。而对于五台山风景的最高赞誉，莫过于元好问的这首

鲁智深雕像

《台山杂咏》："……山云吞吐翠微中，淡绿深青一万重。此景只应天上有，岂知身在妙高峰？"

与五台山有关的最著名的文学人物，当属《杨家将》中的杨五郎与《水浒传》中的鲁智深。杨家将故事是中国民间最喜闻乐道的传统故事之一；鲁智深拳打镇关西之后在五台山出家的故事，更是无人不知，无人不晓了。

《送张天觉得山字》

《送张天觉得山字》是苏东坡送给自己的好友张天觉的作品，诗中既有对五台仙境的描写，又有对好友好好做官、造福百姓的劝诫，生动形象，情真意切。

《僧伽歌》

《僧伽歌》是唐代浪漫主义诗人李白赠与曾于五台山修行的高僧僧伽的一首诗。僧伽是自南天竺的头陀僧，他归国前经过长安，与李白讲论佛法，深受李白敬仰，故李白作歌赠之。

《台山杂咏》

元好问是我国金末元初最有成就的作家和历史学家，他在元宪宗四年（1254年）游五台山，并作《台山杂咏》组诗共16首。

图书在版编目（CIP）数据

五台山／马金星编著 . —— 长春：吉林出版集团股份有限公司，2013.1
（中华美好山川）
ISBN 978-7-5534-1396-9

Ⅰ．①五… Ⅱ．①马… Ⅲ．①五台山－介绍 Ⅳ．①K928.3

中国版本图书馆CIP数据核字(2012)第316531号

五台山
WUTAI SHAN

编　　著	马金星	
策　　划	刘　野	
责任编辑	息　望	
封面设计	隋　超	
开　　本	680mm×940mm　1/16	
字　　数	42千	
印　　张	8	
版　　次	2013年 1月 第1版	
印　　次	2018年 5月 第3次印刷	

出　　版	吉林出版集团股份有限公司
发　　行	吉林出版集团股份有限公司
地　　址	长春市人民大街4646号
	邮编：130021
电　　话	总编办：0431-85618719
	发行科：0431-85618720
邮　　箱	SXWH00110@163.com
印　　刷	湖北金海印务有限公司

书　　号	ISBN 978-7-5534-1396-9
定　　价	25.80元